我不過被動的人生

沒有主見、害怕衝突、缺乏安全感……
看見內心未被療癒的傷口，重新理解自己的需求，
找回生活的熱情與動力

李國翠　著

第一章
敢做自己，走出被動的人生

第二章
做眞正的自己，擺脫小心翼翼的困境

目錄

第五章

走出「嬰兒模式」，你的人生更加從容

目錄

第六章
關係好了，一切都好了

第一章

敢做自己，走出被動的人生

為什麼你不敢有主見

有一次，在電視節目上看到一名二十五歲的研究生寫的一封信。信的大致意思是說媽媽對自己管教得太嚴，讀研究所時被要求每天晚上十一點之前必須回家；衣服都要由媽媽來購買；和朋友出去吃飯花費不能超過兩百元……他覺得自己已經二十五歲了，可是感覺好像還沒有成年。

觀眾們都建議他搬出去獨立生活，他卻說怕媽媽傷心。

最後節目主持人犀利直言：孩子被管教得太嚴，會導致情感需求被壓抑，時間長了，整個人可能就廢了，很難獨立生活。

應該怎麼做，才是好的

我有個同事也是這個樣子，和她接觸久了你就會發現，她經常掛在嘴邊的一句話就是「我怎麼做才好」。

生活中的很多事情，她都無法自己去做判斷。小到今天穿什麼衣服去上班、有事要不要跟主管請假，大到要不要考研究所、要不要選擇出國深造，甚至要不要和男友分手這種情感問題都無法自己下決定。

她總會不停地問別人：「這樣做可以嗎？」、「我這麼做好嗎？」、「我該這麼做嗎？」

在她眼中，這個世界彷彿存在一套行為標準，可以精準地判斷這麼做是好的，那麼做是不好的；這麼做是對的，那麼做是錯的。為此，她到處尋找「模子」來指導自己。

於是，她總會輕易相信網路上看到的各種「知識」。例如職場一定是殘酷無情的，朋友之間也不能完全信任，女人過了三十五歲就不值錢了……。

她也努力配合這些「模子」，不停地改變自己：不敢相信任同事和朋友；過於追求外表的美麗；積極尋找對象，生怕自己三十多歲嫁不出去……。

但她依舊感到焦慮和迷茫：到底要把自己改變成什麼樣子才算完美？怎樣度過自己的一生才是最合乎標準的？

她還是沒有拼湊出一個完整的「模子」。甚至當她看到網路上的「知識」有爭議、周圍人的意見有分歧時，她會更加迷茫。

被否定的孩子長大後缺少主見

像我同事這樣的人不在少數。我們往深處探索，就會發現他們都缺乏一種常常被忽略的能力——確定感。他們好像對自己、他人和世界都沒有判斷力和確定感，不敢判斷和確定如何做才是正確的。

常常被否定、被支配的孩子，長大後都會缺少一定的主見。

在日常的生活交往中，我發現同事對很多事情所得出的結論永遠都是來自外界。她似乎並不能透過自己的感受和經驗得出一些屬於她自己的判斷和結論。

背後的原因就是：她的感受一直被「壓著」。

她的父母一直都非常嚴苛和「有主見」。比如上學的時候她一直想讀文科，她的文科成績比理科成績好太多，但她的父母極力否定：「學什麼文科，學文科進入社會會找不到工作。」並且進一步批評她不懂事，讓人操心，和父母頂嘴。

這些否定的言語經常出現在她小時候的生活裡：「你就不能聽話！」、「你就不能像正常人一樣？」、「你就是不行！」

父母對她的不信任和掌控，導致她越來越不相信自己，也沒有了更深層次的思考，慢慢地沒有了主見。

這種「把外界對你的影響和評價，內化成你的自我認知」的過程，就是「投射性認同」。

當父母一再投射給你的感覺是「你很差」、「你需要管」、「你無法獨立」、「你是個沒有主見的人」時，你的真實感受會一直被「壓著」，那麼久而久之，你就會開始認同父母的說法，從而喪失了自己的主見。

就像開頭的那位研究生一樣，覺得自己無法獨立，還沒成年，無法拒絕、脫離媽媽的管制，無法尊重自己內心想要獨立生活的需求，也看不到自己擁有爭取獨立的力量，需要透過寫信來尋找一個「正確的模式」，給自己勇氣和支持。

於是，這些長期被「壓著」的孩子，逐漸成為聽話但喪失了獨立思考能力的提線木偶。

這是很多父母想看到的，因為這樣似乎孩子就會更讓人放心，未來就會更好。然而，在這樣的家庭氛圍下長大的孩子，未來獨立生活時會遭遇巨大的風險。因為他們沒有自己的判斷和主見，所以很容易被人「洗腦」，或是被人牽著鼻子走。

他們好像總是生活在一團不確定裡，總是在尋找父母說的那個正確的方式。

「我這樣是不好的，我只要變成那個好的樣子，一切就都沒有問題了。」

他們總是以為，只要找到那個標準答案，就可以安然地度過一生。這真是父母替孩子人為製造的烏托邦。

「模子」是不存在的

實際上，「模子」是不存在的。這世界根本就不存在一種標準的活法，或者一種「應該」的活法，人也沒有一個「應該」的樣子。你要怎麼做，怎樣去生活，取決於自己的判斷和選擇。

這裡有一個關鍵點，就是信任自己的感受。

感受良好，說明你此刻正在經歷的事和打交道的人，有令你感覺舒服的，並在一定程度上滿足了你的情感需求。順著舒服的感受繼續下去，會越來越能感知到自己的情感需求。

感受不好，說明你此刻經歷的事和打交道的人，可能令你覺得不舒服或者傷害到了你。那麼你需要及時地分析自己的感受，將那些傷害你的東西識別出來。

如果一個人不相信自己的感受，就會失去辨別是非的能力。

很多具有受虐傾向的人就有這種思維模式。明明遭遇了一些感受很差、很糟糕的東西，他們的頭腦卻告訴自己，這是好的，這才是愛。於是讓自己一而再，再而三地處在不舒服的狀態裡，並且告訴自己，愛就是這樣的。

他們從很小的時候開始心裡就有一個「模子」。父母在打壓他們的時候，常說的就是「我都是為你好」或「我是愛你的」。所以儘管他們很難受，卻無法辨別和相信自己的感覺，而是去相信外界的標準——為你好，才會這樣對待你。

還有一些事明明讓他們感受不錯，但是他們的頭腦卻反覆告訴自己：「不能這樣做，這樣做不好，這是誘惑。」

事實上，外界根本沒有什麼「模子」。

好不好、對不對，這些判斷在你自己心裡，不在到處搜集的知識、觀念、他人的說法等外界的東西裡。一個結論如果沒有經過你自己的檢驗，就不一定是對的，不一定是適合你的。

如果非要有一個「模子」，它也是在你的心裡，在你身體的感受裡。它不在別處，你才是這個「模子」的擁有者。

尋找「模子」，也是在尋找好的依戀關係

真正好的父母，都善於給孩子確定感。

如果一個人在不停地尋找「模子」，也可以說是在尋找一個「好媽媽」。因為他認為找到一個「好媽媽」，自己就可以變成一個好的人。這也是一個自我認同的過程。

不好的依戀關係，會嚴重剝奪人的自我認同，讓人無法信任自己。

英國精神分析學家唐納德．威尼科特把孩子跟父母的養育關係分為兩種：一種是父母以孩子為中心建構的關係，這樣成長的孩子能發展出真正的自我，他們相信自己的感受和判斷，威尼科特把這叫作「真自我」；另一種則是孩子圍繞父母的感受建構自我而形成的關係，這樣成長的孩子會以滿足父母的感受和需求為主，忽視或者犧牲自己的感受，無法建立真正的自我，這叫作「假自我」。

「假自我」很強的孩子，他們真正的感受得不到滿足，真實的自己得不到發展，總是在為滿足別人活著，或者要求自己必須符合某些條條框框。在用「假自我」建構自我的孩子中，最慘的莫過於那種用「否定」建構自我的孩子。在他們看來，無論怎麼做，父母都會否定他們。

這會讓孩子陷入巨大的自我衝突裡，被巨大的自我懷疑和不確定感裹挾，陷入自我否定的自我傷害和自我折磨的漩渦裡無法自拔。沒有什麼比這更能毀壞一個人的人生。此時的「模子」，更像是一根救命稻草。他們巨大的生命力都用來尋找這根救命稻草，這種精神的寄託。

在被現實的各種否定打擊、毫無立錐之地的處境裡，他們就是靠著這個幻想活下來的：「我一定會變成一個好孩子，只要我找到那個『模子』。」

如果你正處於這種不確定的狀態裡，並且想要脫離，可以先給自己一點時間，細細體會自己的感受，嘗試去肯定、信任自己和這個世界，接納自己的判斷。

慢慢來，不要著急。

小時候沒有得到的確定感，可以由你自己來創造，從肯定自己的感受開始。

走出「應該」的框架，做眞實的自己

整天不滿意型

在日常生活中總會碰到這樣的人：他總是對自己不滿意，對別人不滿意，對生活也不滿意，很難從他臉上看到愉悅幸福的神情。大多數時候，他都是愁眉苦臉的樣子，或唉聲嘆氣，或橫眉怒目，不是在指責別人，就是在自責。他還有一個頗為明顯的特徵，就是愛抱怨，不停地訴苦：

為什麼我這麼不好？我什麼時候才能成為自己希望的樣子？

為什麼我娶了一位這樣的妻子？

為什麼我的孩子這麼笨？別人家的孩子為什麼就那麼出眾？

為什麼老天爺要這樣對我，讓我活得這麼苦？

如果你仔細感受他語言背後的情感需求，會發現其實他想說的就一句話：我應該比現在更好。

這句話包含了以下的意思：

我應該更好。

我應該有更好的愛人。

我應該有更好的孩子。

我應該有更好的工作。

家裡有一個正在上大學的侄女，這幾年放假見到她，不是在抱怨大學不好，就是在抱怨老師不好，英語四級考試沒過抱怨了半個學期，更別提雅思考試了。後來交了男朋友，又開始抱怨男朋友的工作和家境。張口閉口都是「你應該……」、「我應該……」、「這件事應該……」，總之，沒有一件事情是令她滿意的。

像她這種整天抱怨的人，既不能讓自己好過，也不能讓別人好過，既不讓自己滿意，也無法對別人滿意，長期處在自我抱怨、自我痛苦的自虐狀態裡。

不要過分追求「應該」

一個過分追求「應該」的人，他的生活一定是充滿了失望，因為這世上的事都充滿了不確定性。

都說「不如意事常八九」，不是所有的事情都能夠滿足我們的要求，能夠達到我們的預期的。我們都知道生活沒辦法順著任何一個人的意願發展，當我們用「應該」要求自己，要求外界，要求他人時，有很大的機率會遭遇失望。

或者說當我們過分注重和追求「應該」的時候，就是在否定現在，那難免會對周遭的人和事物感到失望，從而抱怨。

之前接觸過一個家庭，爸爸和兒子的關係很糟，希望我能幫忙調和一下。我抽出時間約了父親和孩子坐下來一起聊一聊。

剛坐下沒講幾句，我就發現了父子關係不好的原因。整場聊天，這位父親「口若懸河」，一直在表達對孩子的不滿：學習不行，運動不行，性格又唯唯諾諾，什麼都做不好，長大肯定沒什麼出息……。

而孩子呢？一動不動地坐在那裡，垂著頭，眼皮低垂，兩隻手不停地絞來絞去，充滿了羞恥感和愧疚感。然而這位父親根本看不到孩子的尷尬和難堪，反而越說越起勁，越說越大聲，越說越難聽。所有的話總結出來就是：這孩子太令人失望了，他不應該是這個樣子的，他應該是我期待中的樣子。

我在一旁邊聽得渾身難受，一方面很心疼這個孩子，一方面對這個家庭的氛圍十分擔憂。

這位父親難道就感受不到孩子的痛苦嗎？

這孩子跟他想像中的「萬能孩子」相比一定是有差距的，那該怎麼辦呢？他想縮小這種差距，但似乎根本想不到實際的解決方案。他只是在不停地表達「你不行，你不是個好孩子，我怎麼生了你這麼個孩子」、「為什麼你就不能達到我的要求，讓我這麼失望」……。

其實我們不難看出，孩子只不過是個代罪羔羊，就算再換一百個孩子，這個爸爸還是會失望。因為不可能會存在一個滿足他全部渴望和想像的孩子，所以不是孩子有問題，而是爸爸本身有著不切實際的期望和幻想。

他認為自己的這些期望和想像很容易實現和滿足。因為你是我的孩子，所以你得表現得跟我想像的一樣；如果不一樣，你就是一個很差勁的孩子，我就要指責你。

生活在這種環境裡的孩子，他的自我要圍繞父母的要求建構，圍繞父母心中的理想孩子的形象建構，而沒辦法圍繞自己在現實中的樣子建構，這樣就製造了一種差距——理想的我和現實的我總是不一致。尤其是當理想的我是完美的時候，一個人就會在現實裡長久地感受到我不夠好。

後來，跟這個爸爸深入對話後，我發現他對自己也是像對待兒子一樣，充滿不滿，而在他小時候，他的爸爸，也就是孩子的爺爺，也是像他今天對待他的孩子一樣對待他的。

似乎這個家族一直在用一種理想化的標準來要求自己的孩子。我有一個朋友小時候家裡也是這種情況，他說過一句話我至今仍蠻有感觸的，他說：「如果我是一棵樹的話，似乎他們希望我一生下來就是一棵筆直的、茂盛的白楊，而他們既不給我施肥也不給我澆水；如果我不是一棵筆直的、茂盛的白楊，他們就罵我、責怪我，認為我對不起他們。」

對別人要求完美就是在試圖虐待別人，對自己要求完美就是在虐待自己。而這，並不是愛。愛絕不要求完美。

活在「應該」思維裡的人看不見別人

上述案例中的爸爸對自己的孩子根本一無所知，他所看到的只是現實中的孩子跟他想像中的孩子比較所產生的差距。他既不關心孩子的感受，也不關心孩子的需求，更不關心孩子為什麼會出現這些問題。

處於這種心理發展水準的人其實沒有辦法和別人建立真實的關係，如果建立也只是他們本身和他們想像間的關係。他們會把自己的想像投射到跟他們打交道的人身上，然後因為這個投射的失敗而不停地憤怒和失望。

他們意識不到需要為這種投射失敗負責任的人是自己，意識不到如果一個人按照別人的想像活著，或者按照別人的要求活著，就意味著這個人要犧牲自己的需求和感受，去做一個滿足別人的工具。

而孩子是不能分辨這些的，所以很多從小在這種養育模式下長大的孩子，就弱化了或者犧牲了自己的需求和感受，去做一個滿足父母期待的工具。這就是很多人會把自己工具化的原因。他們不會愛自己，只會要求自己、鞭策自己，只關心自己的產出和成績，做不到的時候就指責自己，從來不會理解自己。

把自己工具化的人也一定會把別人工具化。工具化的特點就是壓抑和迴避自己的真實感受，盲目地應對別人的要求。如果達不到，他們就會生活在不安和焦慮裡，甚至會有些恐懼。

當要求被凌駕於關係之上，就是在要求一個人承擔另一個人無法承擔的責任。爸爸要求孩子承擔自己的理想，使自己的理想不破滅，從而可以達到自我認同；丈夫指責妻子不夠完美，是希望妻子可以承擔他自己承擔不了的部分。

愛恨不能整合，就意味著內部的分裂。好的「我」和不夠好的「我」無法整合，所以要把不夠好的「我」分裂出去，投射到別人身上，用別人不夠好的方式來欺騙自己說「我是好的」、「我是完美的，問題不在我這裡」，這樣，焦慮和恐懼就成了別人的東西，「我」就輕鬆多了。

在一個家庭系統裡，經常會上演這樣的投射及認同，所以家庭裡經常出現代罪羔羊。那個代罪羔羊不一定是有問題的、製造問題的人。

從正視自己的恐懼開始

如前文所述，如果童年時期圍繞父母的感受去建構自我，孩子的安全感是建立在滿足父母的要求之上的。當沒有達到父母的要求，就意味著可能會被拋棄或者不被愛，這種恐懼對於沒有任何支撐的孩子來說不亞於無法生存。

在這樣家庭長大的孩子，久而久之就學會了在父母表達不滿之前，先主動承認自己做得不好的地方，這樣就能緩解父母的不滿情緒。然而這會導致孩子越來越看不到自己身上的優點，甚至一度否定自己，充滿了不安和焦慮。

所以想要真正地成長，就要正視自己內心的恐懼，不要活在「應該」的框架裡，沒有你「應該」做什麼，你「應該」成為什麼樣的人，只有「你想」，「你想」做什麼，「你想」成為什麼樣的人。

主動承擔和勇於面對，走出被動的人生

被動的人生

這幾年，「躺平」這個詞開始流行起來。身邊有一些人很受這個詞的影響。本身很有理想，很積極上進的人，在經過一陣子努力奮鬥，發現所得到的並沒有令他們滿足後，就慢慢趨於「躺平」。他們覺得有些東西並不是靠自己努力奮鬥就能夠爭取來的，有些東西是需要別人提供或者讓步的。

這個「別人」可能是自己的另一半，可能是自己的上司、朋友、其他關係者，或者是運氣與命運。

簡而言之，他們變得對自己有點「不負責任」。因為不負責任，所以他們總是把自己想獲得的公平、財富、情感、地位、尊嚴搞得好像是別人的事。

「作為一個上司，他怎麼能這麼自私，這讓我們做下屬的怎麼辦！」

「我的命太苦了，這太不公平了，為什麼同樣是二十五歲，人家都畢業進銀行了，我還在找工作。」

「我覺得命運是不公平的，為什麼她可以找到那麼有錢的老公，她明明沒我漂亮。」

「我對他那麼好，他怎麼能這麼對我？」

長此以往，這種人漸漸意識不到自己對自己變得越來越不負責任。因為意識不到，所以當某件事、某個期待沒有得到自己預期的結果或回報時，他們就會格外失望和無力，甚至難以理解、無法接受，從而導致憤憤不平。

對於這類人來說，他們的主要的痛苦是意識不到很多東西的獲得是需要自己去爭取的，而不是像他們以為的「我做得足夠好，就應該得到某種結果」。

他們等待著外在力量的垂青、認可、主持公道，時間長了，他們就會喪失主動性和熱情，變得越來越被動，以至於長時間地「躺平」。

那麼我們來分析一下，在「被動」的背後，有哪些是自己還沒有意識到的潛在心理原因。

被動的背後有一個「他人要負責」的幻想

這個特別容易投射到自己跟上司的關係中。

有很多人，他們對上司非常不滿，但是又沒辦法改變什麼，所以總是在抱怨上司。他們的言外之意覺得都是因為上司，自己的日子才這麼難過。

他們總是覺得自己現在在工作上所處的困境和無法取得的成就，原因都在上司身上。上司沒有提供好的平台，上司能力不行，上司規定的政策導致他們在工作上難以施展才能，上司要是改變，他們在工作上的問題就能解決。

這種人會習慣性地把自己所面臨的問題的解決方法寄託在別人身上或者別的東西上，認為只有別人改變了，或者要求、政策、態度等改變了，自己的問題才能夠解決。

這樣會產生一種理所當然的心理：「我把自己負責的部分做好了，那就應該產生我所期待的結果。」但是當結果不如意的時候，有些人就會產生這樣的想法：「我已經做得夠好了，怎麼還不幫我調薪？上司為什麼還對我不滿？怎麼還不提拔我？……」

這是一種典型的小孩子心理。對於小孩子來說，他想要什麼是由大人負責和承擔的，他只需要把自己要做的部分做好，之後大人自然會給他想要的結果。

但是作為成年人，你想要得到某種結果，除了做好你認為應該做的，可能還要花心思研究上司為什麼沒提拔你，而不是簡單地認為只要自己做得足夠好，他就應該提拔你。

只有具備自我負責的意識，我們才能從對別人「想當然」的幻想中走出來，去了解問題出在哪裡，才能主動解決問題。

被動的背後是覺得自己的需求不重要

還有一類人，他們在生活上和工作上的態度就像個「客人」或者「旁觀者」。在任何環境裡，他們都顯得很「老實」，好像需要別人允許或者讓他們做什麼，他們才去做。對於利益，人家給就要，人家不給就不積極主動去爭取，對人對事特別地客氣和小心。

我很心疼這樣的人，他們好像顯得自己怎麼樣都行、都無所謂，特別好說話，但是他們無一例外活得都不舒服，內心很壓抑，甚至憂鬱。

這跟他們長期忽視自己的感受，不重視自己的感受和需求有關。需求長期不被滿足會導致失望和厭倦。

很多人覺得自己的需求會給別人帶來麻煩，或者太擔心自己的需求會不受人待見，所以他們很少提出自己的需求。久而久之，他們會覺得自己的需求沒那麼重要了。

他們認為有需求這件事很麻煩，需要去表達和爭取，還得處理可能會發生的各種事情，想想就覺得累，甚至有一些年輕人覺得談戀愛都很麻煩。

很多人從小在家不被允許表達自己的需求，也不被允許按照自己的需求來。即使表達了也總是被拒絕、被指責不懂事、被忽略、被迫按照父母的要求來。久而久之，他們慢慢忘記了自己的需求和感受，忘記了自己也有提出和爭取自己需求的權利，變得被動而淡漠。

「我的需求不重要」，是對自己的放棄，好像承認了自己是不被在乎的，是不重要的，甚至會覺得是自己不夠好，所以不配提出需求，不配得到滿足。

時常對自我感到不滿和羞愧的人沒有力量對世界理直氣壯地提出要求，也沒有力量主動去爭取自己想要的。

而那些能主動爭取、自主表達需求的人，他們是相信自己、肯定自己的，至少會覺得自己沒那麼差，自己值得擁有，自己配得上。

提升自我的價值感，提升背後的自信心，自我感覺良好了，就會慢慢主動起來。在這個過程中，一個人要尊重和重視自己的需求、感受和意志。每一個需求被滿足，每一個意志被重視，都會帶來一份動力，讓你覺得有力量；每一個願望的成真，也會讓你覺得自己越來越重要。這樣就可以慢慢累積能量，變得主動。

被動的背後是害怕衝突和失敗

我在上大學的時候是個特別「佛系」的人，同學們常說我對什麼都沒有要求，口頭禪就是「都可以」、「沒問題」、「隨便」，一副淡泊名利、與世無爭的樣子。但只有我自己知道，我只是沒有力量去爭取。我感到自己很脆弱，一面對衝突，就馬上敗下陣來。

自己很脆弱這件事是很難面對和接受的，於是防禦機制就啟動了，導致特別鄙視那些很愛競爭的人，覺得他們特別俗氣。

「不敢爭」和「不願爭」本質上是兩回事。但是根據我的經驗，我發現在很多人那裡，它們變成了一回事。很多人本質上是「不敢爭」，但是他們總是欺騙性地告訴自己是不想爭，表現給別人看的也是自己「不願爭」。

透過「不願爭」的這種姿態，他們安慰自己——我是不屑於跟你們爭，只要我願意爭就一定能贏。但是在日後的成長中，尤其是工作以後，他們會發現人們因為脾氣不同、性格不同、經歷不同、需求不同，本身就充滿了矛盾和誤解，人與人的連結本身就充滿了攻擊性。不是你不爭，別人就會不與你爭；不是你不想起衝突，衝突就會繞著你走。

迴避人與人關係中的攻擊性，是不敢面對關係中必有衝突的一面。掩飾衝突或迴避衝突，衝突並不會消失，相反地，會憋在內心持續地自我衝突。越害怕衝突，衝突越多，越壓抑攻擊性，越容易被人攻擊，越容易生悶氣，有時候別人的一句無心之語都能氣得睡不著覺，翻來覆去地想。

這就是為什麼一些外表看起來很好的人卻內耗很大，且隨著關係的深入會很難相處；反而那些敢愛敢恨的人並不糾結，且容易相處。

如果一個人長期壓抑自己的攻擊性，他就會漸漸變得沒有活力，變得脆弱。一方面，他害怕別人的攻擊性會摧毀自己；另一方面，他擔心自己的攻擊性會傷害別人。於是他就像玻璃一樣易碎而沒有彈性和韌性，膽小、恐懼、怕事。

我們要積極地展開我們的攻擊性，當然並不是讓你真的攻擊別人。積極健康地參與競爭，自如地伸張自己的意志，都是攻擊性展開的表現。

敢愛敢恨敢表達，生命會更有自信和活力。

很多特別「規矩老實」的人，都無意識地把外界投射成了一個恐懼的存在。在他們的想像裡，外界是不允許他們占據主動、主導地位的，而他們也沒有力量坐到那個位置上。規矩、老實、被動，成了一種安全存活的方式。

但其實並不是。當你主動爭取了一次，會發現自己有能力將自己想要的爭取下來；當你又爭取了一次，發現主動爭取並沒有自己想像中那麼難，這時你對世界的認知就會慢慢地發生改變：你會發現衝突並不可怕，衝突可以讓彼此更加了解；會發現這個世界並不像你想的那樣，人們的態度是會發生變化的。

攻擊性是一個人有魅力、有領導力的來源。隱藏了攻擊性或者攻擊性被嚴重壓抑的人會沒有競爭力，就是生活中我們常說的「太老實」。「乖乖女」容易被「壞小子」吸引往往正是因為「壞小子」可以釋放「乖乖女」被壓抑的攻擊性，讓她找到內心深處的另一個自己。

攻擊性本身就是一種活力，一種渴望向外散發能量的動力。

被動的背後是對外界過度依賴

其實一個人表現得被動，背後都有未被滿足的依賴。

因為這種依賴沒有被滿足，一個人會缺乏力量，所以分離和獨立似乎就變得有點困難，而他還在深深地渴望這種依賴的滿足。

一個人被動意味著他覺得自己沒有什麼主宰權，他也沒有感受過自己獨立的力量。他可能感受到的都是自己的弱小、脆弱，以及沒有選擇權導致的無助和無能為力。

不管他有沒有意識到，在每一個被動行為的背後，無意識中傳遞給人的感覺都是在把自己的命運交付給他人或者外界。這恰恰是一種嚴重依賴，依賴外界，而不是自己。

然而，外界也不是完全可靠、可以全心全意去依賴的。一旦能夠認清這個事實，去正視自己內心的真實想法時，一個人就可以向前行走了。這時他會把目光從外界轉向自身：我可以依賴自己做些什麼？

我不認為一個人可以過一個完全由自己說了算的人生，但是，過一個自己努力爭取的人生，是沒有問題的。

很多事情爭取過，就會不一樣；主動過，就會不一樣。
我努力過，我爭取過，我真實地活著。

正視現實，擊碎逃避心理

爲什麼有的人總在逃避

不知道你身邊有沒有這樣一些習慣性逃避的人，這些人可能不太喜歡去上班，工作中需要發表演講時就習慣性推脫，有什麼任務也會以各種理由拒絕；而在生活中，大到總是將人生進程往後推，不回家陪女朋友或男朋友，不喜歡去對方家串門子，覺得結婚是件很麻煩的事總是往後一拖再拖，小到出門倒垃圾，下班買菜，晚上做飯，都會以要麼忘了，要麼太累了等理由推脫或者逃避掉。

這種人總是在逃避，在外人眼裡他們是個很不負責任的人，沒有一點責任感，甚至有些自私，只顧自己過得輕鬆。

但實際上呢，卻並非如此。他們往往是一邊逃避，一邊內心又充滿糾結和掙扎，他們看上去是將所有麻煩事和困難事都推卸掉，實則內心頗為痛苦和糾結，既不能坦坦蕩蕩地放棄並正視損失，也不能享受推卸和逃避後帶來的痛快感和舒服感。

如果真心不想做一件事，爽快地放棄或推掉，未嘗不是一件很好的事。至少在態度上，正視了要承擔的損失，做出了自己的選擇，也算是一種對自己和對他人負責任的方式。

但就怕他們想要完成這件事，想要一個結果，卻還是選擇逃避。這種逃避會使得他們在心理上格外痛苦，而現實中的問題又沒有被解決。

不是說你不去倒垃圾，垃圾就不存在了。明明你很想和另一半步入婚禮，但卻遲遲不去見對方的父母，問自己在怕什麼，為什麼逃避，又說不出理由。

這時，逃避帶來的後果，就會持久地在內心折磨你。

一個人總要有所選擇，選擇面對或者選擇拒絕，選擇行動或者選擇放棄。人生就是不斷地做出選擇，也是不斷地承受失去的過程。在成長的路上，面對外界扔過來的難題，選擇逃避，不去面對，然後在逃避裡自我折磨、內耗，是不敢面對自己內心的一種表現，也是最為痛苦的一種選擇。

習慣逃避的人的自救之道

一、肯定自己的感受和需求

當你不想去上班，不想做某個任務，不想陪女朋友，不想倒垃圾，就是想要拖延時，不要急於否定這種感受。這種感受是正當的、真實的，是客觀的，不是掩飾或者不承認就會消失的。

承認和肯定這種感受的存在，是面對自己的感受和需求的第一步。

就像有的人一要當眾演講就會緊張，承認自己會緊張是面對問題的第一步。

有了這第一步，你才能穩住自己，繼而有了後續分析問題和解決問題的可能。如果你在這一步上壓抑或極力否認自己的感受，就會導致習慣性地逃避，然後長時間地陷入糾結、衝突和內耗裡。

假裝這些感受不存在，或者不敢大大方方地承認這些感受，而選擇逃避，實則是一種自我欺騙。

我們要肯定自己的感受和需求，了解我們為什麼不想面對，為什麼想要逃避背後的真實原因。

二、分析逃避背後的原因

是什麼原因讓你不想上班？你對工作有什麼不滿？不滿意上司，還是不滿意環境？是覺得薪水太低、任務太多，還是生活壓力太大，因此遷怒工作？還是對某個同事不滿？

分析逃避背後的原因，確定自己的真實想法和感受，才能找到真正的問題所在，才有後面的解決方案。

三、拿出正視現實的勇氣

有人在選擇逃避時會說，自己選擇逃避是因為不想接受和承受這件事引起的情緒變化，不想面對這件事會帶給自己的失望、焦慮、壓力、痛苦等。但我們要明白，這些都是我們要經歷的必修課，不是我們選擇逃避就可以消失的。

相較於逃避，人生還有更加痛苦和殘酷的事，那就是不去面對，讓自己一直活在幻想的恐懼中。

很多時候，我們常常是被想像中的痛苦打敗的。

就像一個人怕「鬼」，躲在被子裡不停發抖。人們很容易被心裡想像出來的「鬼」嚇到，甚至被打敗，因為想像中的困難或者恐懼是很難克服的。

但現實中並不是如此，現實是有邊界的，困難和痛苦也都是有邊界的。

我們常常被自己想像中的痛苦和恐懼打敗，當你意識到這一點時，嘗試去看看真正的現實是怎樣的，它也許真的沒有那麼可怕。這會幫助你克服逃避心理。你會發現，越正視現實，你會越有力量。

消除恐懼和焦慮，你的人生不必那麼累

有人說自己拖延症非常嚴重，想做好準備迎接新的一天，至少要準備三天。這種拖延的背後是深深的疲憊，做什麼都提不起勁。每次想做點什麼事，都需要花費很多的時間和精力，才能勉強行動起來。

這是許多現代人的生活常態。那麼，為什麼會這樣呢？

活得很累的人，究竟累在哪裡

一說到累，我就想到我的鄰居老張。老張是個很忙碌的人，每天起早貪黑，眉頭緊皺，感覺永遠有忙不完的事，二〇二〇年年前的時候累得病倒了。後來因為疫情，他暫停了工作，卻依舊沒能休息好。後來有天，他老婆在深夜「咚咚」地敲開我家的門，說老張太焦躁了，一直在「吵鬧」，希望我去幫幫忙。

於是我在深夜和老張進行了一番促膝長談。他一股腦地傾訴了許多。

「你不知道，這半年我什麼都沒做，我心慌啊，感覺荒廢了許多時間，晚上都睡不著。」

「我本來訂好計畫，這半年要在家進修法律，參加下半年的考試。這半年都過去了，才看了三十幾頁書，照這樣下去肯定不能完成，我好焦慮啊。」

「我買了很多課，也沒聽多少，覺得自己太差勁了。」

「我現在就是晚上睡不著，白天起不來，我是不是要完蛋了？這意志力真差啊。」

現實中像老張這樣的人不在少數。他們好像每天都有忙不完的事和做不完的任務，急匆匆、忙碌碌。即便給他們一個假期，他們也能安排得滿滿的，絕不允許自己「浪費光陰」。但仔細觀察他們的生活，其實並沒有做多少事。

就像老張一樣，休假雖然減少了他工作上的忙碌，他卻陷入了另一種忙碌——替自己安排了很多事情，但總是什麼都做不成，還覺得自己特別累。我在老張身上看到的，不僅是身體上的忙，更多的是精神上的焦慮，從而感到疲憊。

這也是許多人的常態——做了很多事情覺得累，什麼事情都沒做也覺得累。

總而言之，就是一種「壓倒性的疲憊」。

那麼，為什麼會這樣呢？

累的背後，是恐懼和焦慮

和老張交談後，我發現他一直活在恐懼和焦慮中。

從小，他的父母特別會說教，每天能說出幾十句大道理來管教他，而老張剛好又是個聽話的孩子。小時候同齡人在貪玩不寫作業，總是偷打遊戲、看電視的時候，老張則每天在家一心一意寫作業。

長大後，他也很自律。規定自己每天幾點起床，每年要學習完多少課程，提升多少相關技能，達不到，就認為後果很嚴重。

「達不到目標會怎樣呢，會有怎樣的後果？」我問。

「這樣懶惰下去我的人生就會毀了。」

這話怎麼這麼耳熟？

我恍然想起，這不是老張的父親經常掛在嘴邊的話嗎？看來，老張真的把他父親的教誨聽進去了，不僅聽進去了，而且深信不疑，認為自己如果沒有按照父親告訴他的那樣做，人生就會「毀」了。

一瞬間，我明白了老張為什麼那麼累，也明白了他的內心為什麼充滿恐懼和焦慮——因為如果做不到這些，他的人生就會「毀了」。

我發現很多把自己搞得很累的人，內心大多都充滿恐懼和焦慮。他們從小被灌輸了太多的說教，他們害怕達不到某些要求，就會變成不好的人、差勁的人，人生就會「毀」了，所以強迫自己去達到那些要求。

從表面上看，他們非常自覺。但這種自覺並不是他們自己內心驅動產生之真正的「自我管理」，而是一種內化了的說教。他們的腦子裡彷彿有很多個小人，分割了各種精力：一個要求自己一定要做些什麼；一個花心力去面對「做不完我就很失敗」的恐懼；一個抽出時間逼自己專注去做事情；最後一個，才是真正有做事精力的。

這些恐懼的驅動，造成了很多內耗，也讓人無法全心投入當下的事情，導致效率低下。這時如果面對必須要做的事情，就只能用剩下的精力去硬撐，所以每天就會覺得很累。如果不是必須要做的事情，例如休假時的安排，就更沒有精力去應付了。

這也是成千上萬的老張失眠的原因。身體需要休息，頭腦總在強迫，一直在說教，一直在說你不能這樣，再這樣下去就完了。結果身體無法安心休息，晚上睡不著，白天起不來。

那麼，該怎麼辦呢？

累的人，更需要的是覺察和照顧

累是很多人的常態。但大部分人面對累，往往拿不出特別有用的解決方法，甚至越解決越疲憊。因為大家不是直接去解決——累了就去休息，而是儘管很累，也要硬撐著努力分析問題：我太拖延了，怎麼可以這樣？我為什麼總是失眠？我太不自律了，怎麼辦……。

看似很努力，但細想一下就會發現，這種人又重複了說教和強迫自己的過程，反而更促進了內耗，促進了「累」的產生。

面對累，更有效的是做到以下兩步：

一、覺察到自己很「累」，重視它

累作為一種感覺，總被我們習慣性地壓抑。

從與老張的交談中，我發現老張從小彷彿就是一台考試機器。他的感受從未被看到和重視，幼小的孩子最需要的玩耍與同理，他一點也沒有得到，以至於現在他也不太在意自己的感受。

有時意識到自己很累，他也不以為然。他始終覺得，內心感到很累根本不重要，身體感到很累也不重要，最重要的是那些要求、那些成績。

在自己累了的時候，我們應該及時休息，調節自己。

「累」就是一種信號，意味著需要放鬆一下。

要從累的狀態裡走出來，重視自己的感受，並認真地對待它。

二、允許自己被照顧，有所「依賴」

在每個很累的靈魂背後，都意味著內心沒有可以依賴的關係。這裡說的內心沒有依賴，不代表現實中真的沒有人可以依賴，而是不被照顧和不去依賴已經成了慣性。

就像老張，他說別人家的小孩都可以在媽媽懷裡撒嬌耍賴，自己卻從來沒有過。一旦撒嬌耍賴，就會被貼上各種標籤：「不懂事」、「不是好孩子」、「很沒出息」。

他的情感和需求，被這些說教壓住了，無法流動，所以他自然就產生了恐懼和焦慮：「我不能被照顧。」、「我不應該依賴。」、「我累了不能歇著，我要更有出息。」

但人是需要支持和照顧的。關係的支持就像容器，可以包容我們的弱小所帶來的焦慮、無力和恐懼，讓我們意識到脆弱無助並不丟人，還可以極大地緩解心靈的疲憊。

當我們累了的時候，有個人允許我們累和休息，並且和我們說不用急，會讓我們更安心地放鬆自己。

在這些包容和照顧下，我們能稍微偷懶一下，去體驗一些休息的甜頭，並且會有一些新的發現：原來躺著休息一天也不會耽誤事情，心情反而得到了放鬆，可以讓第二天更有精神；原來放鬆下來充分地休息後，做事情反而更投入了；原來有很多事情，不做也沒有關係，可以集中精力做更重要的事情；原來沒有達到很高的要求也不會怎麼樣，做到一點是一點，畢竟需要時間⋯⋯。

隨著這些經驗的日積月累，我們也能開始包容自己並放鬆下來，慢慢做到真正解決累的辦法——感覺到累了，允許自己好好休息。

第二章

做真正的自己，擺脫小心翼翼的困境

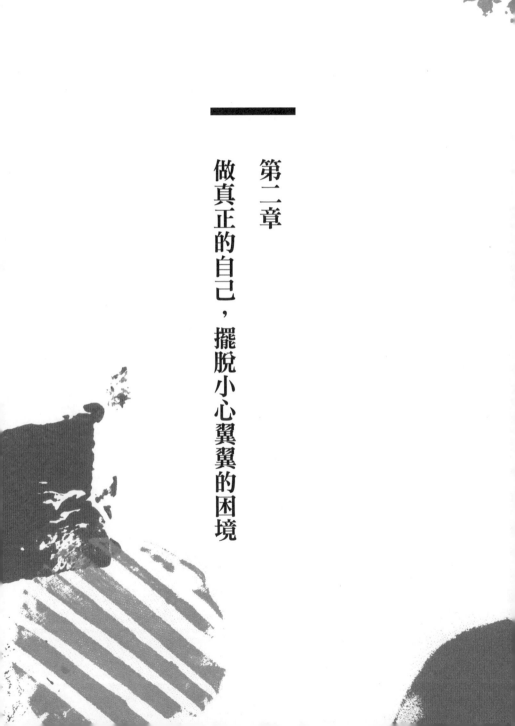

接受「狀態不好」，你不必時刻追求完美

總是「狀態不好」

認識的朋友中有那麼幾個人，他們總是憂心忡忡，狀態很糟：晚上經常失眠，白天起不來，一整天都沒什麼精神，上班也無心做事，晚上回到家，身體格外疲憊，卻遲遲睡不著。身體總是處於精力不充沛、精神不集中的狀態，無法全心全意地去做一件事，這讓他們感覺很糟糕。

感覺自己的身體總是不聽使喚，自己的狀態很失控，所以既焦慮又憂鬱，這種感受糟透了。這種狀態跟拖延症的表現有點像，但又不同，區別在於這類人格外

關注自己的狀態，並且是長期關注，他們陷入跟自己的狀態的搏鬥中，持續的時間很長，一般都有很多年的搏鬥經歷。

這類人的邏輯似乎是：外界的那些問題，只要控制住了自己的狀態，處在一個良好的狀態裡，那麼一切都會迎刃而解。而現在狀態不好，所以沒辦法處理外界的問題。在這樣的邏輯裡，狀態似乎成了一個中間變數，或者是推卸責任的變數。一切的問題都是因為「我狀態不好」引起的。

那麼，被他們死死盯住的「狀態不好」到底是什麼東西呢？

為何要控制狀態

一、一個人總「狀態不好」在於過度執著想像中完美的自己

有一個朋友，他一當眾發言就會緊張顫抖，說話結巴，嚴重時會冒冷汗。他很討厭自己這樣的狀態，覺得非常沒出息，時常為自己不能坦然自如地發言而感

到羞愧。他總是暢想自己在發言時可以坦然自若、語出驚人，大家都用滿意的眼光看著他，然後為他鼓掌。但這麼多年來，他卻從未達到過這種狀態，他對自己失望至極，甚至有些討厭自己，看不起自己，覺得自己是很差勁的人。

可是他從未認認真真地對自己進行過剖析，也從來沒有研究過為什麼一到演講或發言的時候就會容易緊張，導致結巴，然後頻繁出錯。他真實的狀態和他想像中自己應該保持的狀態差得很遠。

如果用「我應該這樣，但是我沒有，所以我很差」這種思維方式來看待問題，我們就會發現，問題根本解決不了。

這個朋友這麼多年來一直使用自我攻擊、拒絕接納自己甚至厭惡自己的方式來看待問題，很明顯是不對的。狀態不好只是一種外在的表現，我們要了解狀態不好的原因，了解引起緊張結巴的根本原因，才有可能解決問題。只是一味地對自己提要求，不接納自己的真實狀態，甚至是強迫自己去符合自己想像中的樣子，其實這些都只是在做無用功。

他此時的狀態不好，只是一隻代罪羔羊，他的內心認為自己應該是全能的，應該是完美的，認為自己應該符合自己的想像才是問題的根源。

心智比較成熟的人都知道：想像是一回事，做起來是另外一回事；想像起來很容易，但做起來很多時候並沒有那麼容易。人對自己的想像往往是完美的、出色的，但現實往往會有很多意外、瑕疵、不完美。

心智成熟的人能接受這種現實的挫敗感，但一個處於全能自戀[1]狀態的人就無法接受：我竟然沒有自己想像的那麼厲害，我太差了。這類人會在遇到一些小挫折時陷入暴怒或者徹底無助的虛弱感裡。

這是對自己的認識太過理想化導致的，不了解現實中自己真實的樣子。同時，這樣的人也會對別人有同樣理想化的要求。本質上不了解自己，就無法客觀地看待自己、看待別人。

1　全能自戀：是指每個人在嬰兒早期都具備的心理，即自己無所不能，一動念頭，和自己完全渾然一體的世界（其實是媽媽或其他養育者）就會按照自己的意願來運轉。

其實，想像跟現實不一致幾乎是常態。執著於想像，執著於現實必須符合想像，是在追求一種嬰兒般的全能自戀狀態。所以，不管他們遇到什麼問題，比如人際問題、工作難題……最終他們都會回到「狀態不好」這個煩惱點上。

二、希望用「控制狀態」來應對困難

我認識的朋友家中有這樣一個小孩，他的父母關係不是很好，總是吵架，而且到了離婚的邊緣。這個孩子長期處在父母爭吵的處境中，內心非常焦慮、害怕，害怕哪天自己的家分裂了，父母離婚，自己成為沒人要的小孩。

但是他內心的這些恐懼、害怕，沒辦法跟別人傾訴，他的父母每天陷在痛苦的婚姻裡，無暇關注他，更不可能理解他。小小的他無法化解內心的壓力和恐懼，因此他把所有的希望都寄託在學習上，他認為這是唯一能夠挽救他們家的方式。只有自己好好學習，並且考出好成績，父母的關係才會緩和一點，他們的注意力才不會放在爭吵上，對他的關注也會多一些，家裡也不會那麼冷清和混亂，而考出好成績也可以讓他不那麼焦慮，似乎對未來有了一些掌控感。

考出好成績成了他依賴的一根救命稻草，因為太急切於考出好成績，所以他特別關注自己的學習狀態，久而久之，就成了對自己狀態的高度關注者。

此後，他變成了神經兮兮的人，整天關注自己的狀態，跟自己的狀態搏鬥、糾纏。實際上，這是他把外界的衝突、不安、動盪內化為自己內心衝突的表現。

因為無法控制外界糟糕的環境，沒有任何人可以依賴，處在恐懼中的他只能依賴自己的「狀態」來給自己安全感。「控制狀態」成了一把萬能鑰匙。

在「控制狀態」的背後蜷縮著一個恐懼、害怕的小孩，他在努力地掙扎。面對生活中的困難、挫敗時，他沒有學會其他的應對方式，唯一學會的就是控制自己的狀態，而到現在這已經變成了無效的策略。

這當然是無效的，他需要做出改變，一是面對挫折與失敗時重建安全感；二是嘗試去面對困難，掌握真正解決困難的有效方式。

三、「控制狀態」的背後是無法接納自己不夠好的一面

「控制狀態」隱含的意思是希望自己是全能的、完美的、符合自己想像的、不應該有不好的部分。這意味著一個人最初在建立關係時是失敗的，因為沒有建立依賴的關係，一個人會退回自己的全能自戀中，用自己的全能自戀來安慰自己。

建立關係的失敗在於外界沒有一個關係可以容納他的不完美、脆弱、不夠好，可以給他安全感，告訴他這樣沒有問題；告訴他不需要完美，他可以脆弱；告訴他不夠好是很正常的，他依然值得被愛、被接納、被鼓勵。

這種關係的容納性，可以令一個人不會因為自己的不夠好而感到不安，他可以坦然自若、氣定神閒地活著，有基本的安全感和信任感，並且信任自己的力量，信任自己是美好的，而不是醜陋的。但是很多人在早期的關係中經歷的並不是被接納、被包容，而是拒絕、冷漠和忽視。

一個孩子，如果找不到東西可以依賴，或者所有尋求依賴的努力都遭遇了挫敗，最終只能依賴自己頭腦中的想像。因為不夠好的一面沒有得到接納和撫慰，

他在內心深處深深地覺得自己是不夠好的，只有自己變得完美了才能跟人建立關係，只有自己完美了別人才可能接納他、喜歡他。不夠完美讓他感到羞恥，他對關係的理解是扭曲的，他渴望被愛、被接納、被重視。但是他認為，要獲得這一切，他必須做到跟他想像的一樣完美。

所以他做事的動機是為了證明自己是好的、有能力的、值得被愛的。他的內心充滿了恐懼和不安，一旦遇到挫折，他便沒有力量去應對。因為首先「自我證明」可能被打碎了，他發現自己並不是想像中的那樣全能。而這意味著一切的努力都沒有了希望，活著徹底失去了動力。

這種扭曲的觀念是導致這類人狀態不好的根源：自己並不如想像中那樣完美，自己那脆弱、無能、無力的一面，會讓他們徹底喪失安全感和力量感。因為一直以來，他們獲得安全感和力量感的方式就是相信自己是全能的，自己很完美，所以才有力量。而不是依賴關係：你不需要完美，我就很愛你。他們應該明白一個道理：世上根本就不存在完美的人。

所以「狀態不好」是一個人孤獨的頭腦遊戲。一個人深陷在這種自己不夠好的自責、恐懼和羞恥不安裡，他以為只有自己變得完美才會獲得愛，並且努力使自己變得完美，以減少在獲得愛的路途中遭遇的失敗與掙扎。那動力是頑強的，那努力是心酸又讓人心疼的，那自責、自我攻擊是讓人不忍直視的。

如何走出「狀態不好」的惡性循環

一、「狀態不好」根本就不是個問題

所有為此苦惱的人必須意識到，狀態不好根本就不是個問題，人就是會有時狀態好、有時狀態不好。狀態不好只是一個事實，你需要傾聽背後發生了什麼。

就像你現在咳嗽，你要傾聽你的身體出了什麼問題，是不是感冒了，或者是其他什麼原因，而不是糾結於自己不應該咳嗽。

狀態不好只是一個信號，提醒你發生了一些事情，提醒你一些要引起重視的東

西，提醒你可能遇到了困難。比如：

你很累，需要休息。

你對當前做的事情很抗拒，不想做。

你感到壓力很大，對目前面對的事情感到很困難，沒有信心，所以很焦慮。

你覺得自己沒有想像中那麼好，對自己有些不滿和失望。

你的身體和感受有自己的規律，身體並不是一個被你的頭腦任意差遣的工具，它是一具真實的肉體，有自己的局限性和脾氣，你需要看見它、尊重它、了解它，並且愛護它。

二、「狀態不好」是一種逃避機制

狀態不好是一種面對真正難題時的逃避機制，是一種面對具體困難和壓力時無效的應對策略。當狀態不好的時候，問問自己，現在遇到了什麼問題，要怎麼解決這個問題。如果解決不了這個問題，最壞的結果可能是什麼？是否可以接受這種最壞的結果？

這是一種把問題具體化的操作。很多時候，我們的痛苦在於過度把痛苦抽象化了，讓它脫離了原本產生這種痛苦的根源。因為一些事情的發生，我們被觸發了一些抽象的限制性觀念，而這些觀念會讓我們痛苦。對於苦惱於狀態不好的人來說，他們的限制性觀念就是：「我必須狀態好，才可以正常生活。」

實際上，人在面對很多有壓力的事情、挫折和困難時，狀態很容易產生波動，解決的方法是積極處理具體的困難和壓力，而不是處於處理狀態中。

對於不好的狀態，學會跟它共處，認識它、調節它。

三、「狀態必須好」是一種全能自戀的幻想

很多人會來諮商，說自己有很長一段時間狀態很糟，該如何調整，如何快速從

這種糟糕的狀態中走出來？這種情況下，我都會先告訴對方，絕對好的狀態是根本不存在的，想要狀態好，先要接納自己會有狀態不好的時刻。

沒有人的狀態會一直很好，沒有人是完美的，但是狀態不好、不完美，也可以生活得很好。所以不需要過分去追求、去保持絕佳的、最好的狀態。

四、狀態不能解決的問題，愛和關係可以解決

追求狀態好無非就是追求優秀的自己，有成就、有成績的自己，認為這樣的自己才能獲得愛和認可，才能獲得別人的尊重和接納、看見和欣賞。

實際上，需要用關係解決的問題，是無法靠成績去解決的，就像獲得成就無法解決孤獨和愛的問題一樣。大部分的安全和信任問題，都需要靠關係去化解。

所以解決狀態不好的問題，關鍵是看到自己背後關係的缺失，以及安全感和信任感的缺失。

✿如果你真的累了，就歇一歇

有人說：「適當的『喪』，能更有效地防止年輕人情緒崩潰。」「喪」是給自己的緩衝，「喪」一下更能讓自己放鬆。

這個時代大家的工作量是父母那個時代的人不可想像的，面對的資訊可能也是上幾輩的人無法想像的。

在這種情況下，人們如何處理這些工作和資訊，如何適應這種資訊化、工業化的環境，就可能需要獨特的方式。

有時我們很容易被捲入龐大的資訊流和高速運轉的世界裡，精力迅速耗竭，並為自身的能力難以應對外界的要求和速度而感到焦慮不安。

此時，允許自己「喪」，更像是一種隔離、一種邊界。可以把外面的世界和要求先扔到一邊，看上去不上進，像廢物一般，卻是一種難得的精神休息。

所以，在年輕人身上普遍出現的「喪」，很可能是一種出自本能的調節和適應，甚至可能是一種健康的自我保護。

「喪」是什麼

一、高速運轉的科技時代，「喪」成了一種必要的調整和休息

從生活方式上來說，現代科學和現代科技已經完全顛覆了前人的生活方式。我們生活在一個巨大的資訊社會裡，借助於高科技，整個社會的效率都變得非常高，社會的更新換代也很快，遺憾的是，科技帶來了生產力的提升、生產效率的提高，但它似乎並沒有讓人活得輕鬆，反倒讓人活得更加疲憊和沉重。因為科

技沒有改變人想獲得更多的欲望，如果這種欲望不經過反思，那麼人可能反過來會被科技控制。

這不是危言聳聽。比如，現在很多人都有加班的經驗，甚至在很多大城市，加班幾乎成為常態。科技和資訊的發展，似乎產生了更多的工作，而且被要求以更高的效率完成工作，這讓人從心理上和生理上都感到難以承受、疲憊不堪。

這些都是以「科技」與「效率」等名義發生的，你很難反抗，因為本質上你也認同了這樣的方式，它並不是一種人為的侵蝕或敵意，反而更像一種合理的「共謀」。

工作的邊界一再突破生活的區域，甚至模糊了兩者的邊界，很多年輕人其實生活得很累，除了睡覺和吃飯，每天都有忙不完的工作。

這對人來說，其實是非常不友好甚至殘酷的生活方式。人像是變成了一台工作機器，而且最好是一台高效率機器，只有不停地運轉，才能適應這個環境的要求。在這種情況下，人是非常壓抑、非常疲憊的，大家都在被工具化，並參與到快節奏的生活裡。

而出現「喪」、憂鬱、焦慮正是一種預警。此時肯定自己「喪」的合理性是很重要的。這是一種更信任自己身體的表現。允許自己「喪」，才能允許自己和外界這些永無止境的工作和要求有一些邊界，讓自己可以得到一些休息和放鬆，從高度緊張和資訊超載的外界環境中脫離出來。

承認「喪」，有一種讓人從高度緊張、壓抑的工具狀態中活過來的感覺。很多人覺得「喪」有調節的功能，允許自己「喪」，才能更有精力。

二、「喪」是對人們高度積極上進、過度追求成功的「雞血生活」的解構

在當前社會，其實大家都處在一種高度統一化的價值追求中，那就是成功，而我們的成功好像還有更「精準」的描述——那就是要比別人更成功。

很明顯，目前的社會是一個物質非常發達的社會，這得益於這些年大家的務實精神，但是對於精神追求則處在一種過於單一化，或者「不被重視」的狀態。

追求成功以簡單粗暴的方式統一了大家的人生意義，規劃了很多人的人生範本。但是，它真的符合人內心對人生的嚮往嗎？

現在的人們較為務實，務實當然不是一件壞事，但過度務實，或者為了追求比別人更成功的務實，到底有沒有意義呢？

有些時候，人們的很多精神追求可能會被壓在心底，人們不再談論它們，而是談效率、收入、成功。在這種情況下，生活似乎有些單調，變得千篇一律，以至於「為什麼活著」、「找不到活著的意義」成為一種新型「疾病」，在年輕人中流行。

精神文化面臨枯竭，以至於不能從心靈上指引我們方向，帶給我們安慰，我們得不到很多滋養性的東西。

而「喪」此時反映的可能就是內心的無力、迷茫和淡漠。

成功讓很多人把自己當成了能最大限度使用的工具，從而忽視自己的內心需求，不得不選擇跟所有人一致的追求，即便內心可能覺得那個追求並不適合自己。

這時「喪」從本質上來說是一種信號，在提醒這些人需要思考怎麼活著，去探尋怎麼度過這一段時間。

「喪」是一些人內心真實的反映，是對將成功當作唯一追求的過度上進的「雞血生活」的一種抗議，是對步步緊逼的生活產生的一種不適感。而這種不適感恰恰是自身人性充足的表現，是對外界扭曲環境的一種糾正。

重構人生的意義，可以自主地選擇過怎樣的人生，才是一個物質富裕時代的人可以擁有的紅利，而不是大家被捆綁著一起賽跑，都去追求所謂到底誰跑得最快，誰占有的資源最多。

對有些人來說，要過怎樣的人生可能是不加思考的、被外界強加的，所以「喪」的出現，意味著他們到了重構自己人生意義、開始獨立思考、重新擁有自我的時候了。

三、「喪」是一種情感補充

時代的變化也帶來了人與人連結的改變，甚至人與自然連結的改變。

一些在大城市工作生活的年輕人，他們絕大部分時間都是在跟工作連結，跟手機連結，跟人的真實連結很少，跟自然的連結更少。

但不管時代怎麼變，人的高層次需求是不變的。

按照馬斯洛的需求層次理論[2]，在目前這個快速運轉的社會，人所需要的情感需求，比如尊重和愛的需求、歸屬感的需求，都被滿足了嗎？好像沒有，很多人都處在非常壓抑的狀態，或者需求不滿的狀態。

現代的人變得很「宅」，這得益於科技的發達，什麼資訊都能從網路上得到，什麼事都可以依靠科技來解決。

唯一搞不定的是什麼？是心靈，是靈魂。

2　亞伯拉罕．馬斯洛（Abraham Maslow，1908—1970），出生於美國紐約。美國社會心理學家、比較心理學家、人本主義心理學的主要創建者之一。他的需求層次理論（Maslow's hierarchy of need）把人的需求從低到高分成五類，分別是：生理需求、安全需求、社會需求、尊重需求和自我實現需求。

看上去似乎我們的生活更好了，但是我們的情感嚴重飢渴，能得到的情感慰藉不是很多，很多人的情感需求都處在被忽視的狀態中。從長久來看，這必然會影響人的活力。

所以，我們要認識到「喪」真的是一種普遍存在的情感狀態，是很多人內心都有的真實的反映。「喪」作為一種對生活無奈的自嘲，可能最容易引發共鳴，讓你我被看見。

「哦，原來你也是這樣。」

「哦，原來不是只有我一個人這樣，跟我有相同體驗的人很多。原來大家都差不多。」

能多跟人訴苦，說說生活中令你感到「喪」的小事，並不代表自己是一個不積極上進的人，反而能獲得一種不用自己硬撐的歸屬感。

有時候用一種幽默和輕鬆的態度接納自己的「喪」，允許自己短暫地做一下「廢物」，將緊繃的精神放鬆下來，偶爾偷一偷懶，雖然會跟傳統主流價值觀——對成功的追逐背道而弛，但這無疑是一種對心靈的鬆綁，而且也會大大緩解絕大部分人目前面臨的精神壓力：焦慮和憂鬱。

基於「喪」的連結，此時反倒具有某種歸屬感了，讓人的心靈得到慰藉。

「喪」的出現爲我們帶來哪些啓示

一、允許自己「喪」

當一個人被捲入快節奏的社會裡，在龐大的工作和繁雜的資訊裡，出現「喪」是難免的。這是一種對不太正常的環境的正常反應，如果不允許「喪」，難免會陷入更嚴重的焦慮和憂鬱中。

「喪」讓人們能夠有一個屬於自己的小空間，一個可以喘息的地方，恢復自己的節奏。

算了吧，此時我只想「放棄」一下，「放縱」一下，什麼任務啊，工作啊，截止日期啊，成功啊，暫時先停一下，先放到一邊，做條「鹹魚」也挺好的。

正是靠「喪」，人們跟工作劃分出了邊界，而不是陷入無限地滿足外界要求的環境裡耗竭自己。

這種「喪」，其實正是「愛自己」的表現。所以允許自己適當的「喪」，或許你會更健康。

二、分析屬於你自己的「喪」

「喪」是一種情感和身體的反應，善於「傾聽」這種反應，也許能幫助你理清楚一些問題，有利於自己的成長。

比如，對於一些人來說，「喪」的出現可能意味著理想化的破滅。

「喪」很容易發生在一些剛畢業的年輕人身上。他們懷著巨大的熱情和理想走入社會，走進工作職位，卻發現每天都有做不完的工作，很多情感需求得不到滿足，繼而會感到無力、迷茫、頹廢和絕望，變得很「喪」。

一個人在逐漸出現「喪」的過程中可能要面臨很多價值觀的調整。

有些年輕人讀書的時候，很少思考將來要過怎樣的生活。工作後，依然抱有那種想法，覺得只要進入大公司、有光鮮的工作就可以。但是對於這個工作到底是怎樣的，到底適不適合自己，並不清楚。

這時「喪」的出現，意味著你現在需要思考自己到底要過怎樣的生活，這個問題其實是無法逃避的。如果我們不去主動思考自己的人生該如何度過，可能就會用舊經驗來處理新問題，結果自然不會好，自然會跟預期不符。

所以當你工作了一段時間，也了解了大部分工作是什麼樣子以後，就可以重新選擇人生道路，不一定要按照原來的道路前進。因為你原先預想的人生規劃可能根本不適合你。

對於另一些人，「喪」的出現可能在警示他們生活和工作的邊界出了問題。

工作已經嚴重入侵了他們的生活，他們的精力快被工作耗盡了。此時他們需要重新劃分工作和生活的邊界，去重新平衡工作和生活關係。

不要指望別人會為你思考和處理這個問題，絕大部分的公司都會讓你多做工作。所以你需要釐清自己的邊界：你可以做多少工作不超負荷，不要硬逼自己，分一些時間給生活，與更多的人連結，你可能會更有活力。

如果你還不太懂得愛自己，把自己當工具用，過分壓榨自己，那麼可能會引來心理和身體疲憊的反彈。

要警惕這種無處不在的投射，這是對自己最大的負責。

三、如何在一個不完美的環境裡，不成為它的犧牲品

完美的環境太少了，很多環境多多少少都有一些問題，比如佛洛伊德生活的維多利亞時期，個性較壓抑，所以很多人出現臆症現象。

就像過度依賴不完美的原生家庭一樣，如果我們過度依賴自己所處的環境，而

缺乏對環境本身的警惕和對自己感受的確認的話，我們就很容易像被原生家庭傷害那樣，也被所處環境傷害。

所以，我們需要對自己所處的環境進行一下分析，這樣可以避免成為環境缺陷的犧牲品。

避免自己成為環境犧牲品的方式就是重視自己內心的聲音，重視那種不適感。很多傷害都是在讓我們忘掉自己內心的聲音，忽視我們內心的聲音，轉而去認同外界那個聲音時發生的。

所以內心出現「不適」的聲音時，不一定是壞事。就像能「喪」的人，允許自己「喪」的人，反倒可能會更健康一些，而那些不允許自己「喪」的人，可能直接就陷入焦慮和憂鬱了。

傾聽自己內心的聲音並敢於承認自己內心的聲音，這需要勇氣，需要擁有獨立的判斷和思考。

這並不容易，安於現狀是人的本能，但生活本身可能會推著你必須面對這些問題：要如何度過這一生？在一個成功學遍地的環境中，如何自處？在一個資訊超載、工作太多的環境中，如何安頓好自己的心靈？

這些問題，外界沒有答案，需要自己給出答案。

逃避是沒有用的，人只要活著，就一定會面臨這些問題。所以，每個人都需要重新建構自己生活的意義，並為此承擔起相應的責任。

眼睛除了看向外界，更要多看看自己；除了傾聽自己大腦裡的聲音，更要傾聽自己內心的聲音。要真的愛自己，那才是你對自己最大的責任。

修復依戀關係，讓自己不再是「走鋼索」的人

那些緊繃著的人

不知道你是不是這樣的人，外界一有風吹草動，內心就會不安，特別容易緊張、焦慮，活得非常緊繃，像時刻警惕的戰士，大腦和身體都處在一種高度運轉的狀態中，而不是處在放鬆狀態中。很多時候，你會覺得生活好像處於一種「走鋼索」的境地，你要各種謹慎小心，動用各種腦力確保自己安全。

一旦遇上一些不好處理的事，你就會陷入各種操心和擔心中，甚至開始失眠，整夜睡不著，就好像處在一間風雨飄搖的房子裡，因為沒有足夠的庇護，所以內

心總是不安、不踏實，覺得四處漏風，惶惶不可終日。

安全感不足的人，心無所依，似乎別人的內心是由鋼筋、水泥建成的堅固的房子，而自己的內心是由一個帳篷搭建而成的，而且是一個不牢固的帳篷，隨時可能面臨被掀翻的危險。

內心如此不安，怎麼會擁有四平八穩的生活？

其實，與其每天活得像是在走鋼索，不如允許自己掉下來一次試試。掉下來，你可能會發現掉在地上也沒事。

歐文．亞隆[3]說，人有時候需要適度冒險，去適度地嘗試一些讓自己感到恐懼的事、不敢做的事，你會獲得很多不一樣的體驗。

這關乎一個人的安全感問題。我把安全感稱為一個人的精神根基，小時候沒有打好精神根基，安全感不足，長大了內心就不穩定，容易動搖，遇到事自然就

3 歐文．亞隆（Irvin D. Yalom）：美國史丹佛大學精神病學終身榮譽教授，存在主義治療法代表人物。

容易緊張焦慮，還會刻意逃避，更不用說會影響和限制自身各種能力的發揮了。

那麼，在關於安全感的問題上，人和人最大的區別在哪裡呢？

控制帶來的安全感和關係帶來的安全感

一個人最初的安全感來自對媽媽的依戀，也就是說安全感源於一種關係。這種關係的本質就是媽媽對嬰兒的及時有效回應。

相反地，如果早期的母嬰關係不夠好，就很容易形成不安全的依戀關係。不安全的依戀關係就像是內心打得不穩定的地基，為了防禦這種不安，人會發展出各式各樣的防禦方式。

這些為了防禦內心的不安而發展出的各種防禦方式，它們背後的邏輯都一樣，就是控制。控制的本質是對關係的無法信任和不能依賴。

當其他關係不能依賴的時候，人只能依賴自己的能力，比如要求自己必須優秀；自己必須事事精通，能力超強……這些千千萬萬、五花八門的防禦方式背後，都是對關係的不信任，即如果我不夠優秀，我就不會被接納和認可；以及對關係的悲觀態度，即他人是靠不住的，我只能靠自己。

當然一個人在防禦的過程中，可能會取得很大的成就，成為一個外在非常優秀的人，也會具有很強的能力，我們常常把這樣的人稱為「高功能患者」。「高功能患者」看上去外在的社會適應功能是沒有問題的，但是他們的內心可能是非常脆弱、緊繃、耗能的。

當然還有更多的人不是「高功能患者」，這些人的防禦方式會直接影響他們對環境的適應能力。

必須要怎樣，才能活下去

人在依戀關係裡遭遇到的創傷，會讓人在理解生命和生活的意義時，形成很多隱性的、歪曲的觀念，這些觀念可能是：

我必須優秀，才能被人喜歡。

我必須對他人有用，才能被別人接納。

我必須討好別人，別人才會喜歡我。

如果做不到這些的話，「我」會怎樣？會被拋棄。在嬰兒的世界裡，被拋棄就等於沒有了物質基礎，很難生活下去。這些觀念的存在本身就是不安全的產物，反過來，它們又加重了不安全感，成為個人生命的一種限制和負擔。

我認識很多這樣的朋友，他們拚命追求優秀，不是他們虛榮，而是他們不能喪失優秀這個特質，有這個東西在，他們才覺得安全。優秀是一個人內在安全感缺失發展出來的補償，類似一種盔甲，人到處搜集各種材料，獲取戰利品，以讓自己的盔甲越來越厚，但是內在包裹著的是一個脆弱、恐懼、弱小的自我。

當人無法把這種脆弱、恐懼、無助的一面示人時，他就很難跟人產生深度的關係，也就難以擺脫孤獨、隔閡，獲得真正的愛、安全、放鬆。

用盔甲和防禦跟人建立的關係經不起考驗。那些建立在「我很優秀」、「我對你有用」、「我能使你開心」這樣基礎上的關係，都是比較異化的關係，一旦遇到「我不優秀」、「我對你沒用了」、「我不能讓你開心了」的時候，怎麼辦？

你認為自己會被拋棄，自己會失去對方的愛。內心有了這樣的障礙，就會影響對關係的理解，也會更容易選擇同樣擁有這種觀念的人去發展關係，以致造成惡性循環。

依戀的修復

這些年的工作經驗，使我越來越覺得關係對人的意義很重大，不同的關係意味著不同的人生。

可以說你選擇什麼樣的人，就意味著選擇靠近什麼樣的觀念，會收穫什麼樣的對待，而這些觀念和對待會潛移默化地影響你。

具有不安全依戀模式的人想要改善自己內心的不安全感，我的建議是去找那些具有安全依戀模式的人做朋友，或者做戀人。

當然心理諮商和心理治療也是一種很好的選擇。

具有安全依戀模式的人相對來說也會用很安全的方式來對待你。無論你怎麼樣，他都會接納你；無論你怎麼做，他都會給你相對穩定的回應，不會輕易傷害你，你會覺得跟這樣的人在一起很踏實。

他們所建立的關係模式和內在信念本身就是對你的內在信念的一種鬆綁和調節，你會發現：

這個人雖然沒那麼優秀，但不妨礙他過得有滋有味、有聲有色。

這個人從不會刻意地去討好別人，卻好像依然能得到別人的尊重。

這個人從來不擔心明天和未來，看起來總是那麼穩定和放鬆。

那些具有特別多積極正向特質的人，他們的存在本身就是一種療癒，雖然他們不一定很有成就，但是他們的狀態會讓身邊的人感到輕鬆愉悅。

願你生命中有這樣的關係，也願你能擁有這樣的生命能量，繼而可以把這種能量帶給其他人。

認清自己，從理解你的情緒開始

別嫌棄自己

有這樣一類人，他們總是用嫌棄別人、指責別人來維護自己的自尊心，以此來證明自己是好的，自己是沒有錯的。因為他們對自己的認識不夠清晰，不知道自己是怎樣的人，他們需要把壞的、不好的東西放在別人身上，才能體會到自己是好的，自己是有力量的。

能夠允許自己不好的人，才能更多地體驗到自己的好；越是不允許自己有不好一面的人，越是容易體會到自己的不好。因為人就是好與不好兼有的，你越排斥某部分，就越容易跟它糾纏。

就像跟自己的影子作戰，當你接納了影子也是你的一部分，你就不再覺得它異常了，就更容易發揮自己好的一面了。

我們對自我印象的好壞往往來自最初養育者對我們是喜歡還是不喜歡。所以當你在說不喜歡自己時，一定要慎重。因為這很可能不是真的，你只是在表達父母不喜歡你，而你認同了這個說法，你以為這些不喜歡是你自己表達出來的，其實未必。

就像嬰兒需要不停地從母親的眼睛裡確認自己是好的一樣，在心理上沒有分化之前，我們會認為別人眼中的自己就是真實的自己。

當一個人沒有穩定的自我的時候，當他無法確定自己是不是好的時候，他就會希望在別人的眼睛裡看到別人對自己的認可。

小時候經常被嫌棄的人，容易發展出這樣一種防禦機制：我不要再被嫌棄。

他們會把很多能量投注在避免被嫌棄上——比如不輕易跟他人建立密切關係，

不給他人嫌棄自己的機會，或者有一點感到被嫌棄就變得非常激動甚至暴怒。這些其實都是過度保護自己的反應。但是這種過度的保護又會讓人走入另一個極端：渴望活在一個完全沒有嫌棄，相當於無菌的環境裡。這種渴望是不現實的。

現實的生活中就是存在一定的嫌棄，也存在很多的欣賞。一個人應該明確地認識到，被人嫌棄這件事在大多數情況下跟自己無關，而跟嫌棄自己的人有關。

總害怕別人嫌棄你，可能是你嫌棄自己的投射。有很多人明明嫌棄自己，卻在苦苦尋求他人的認可。如果不能從心底擺脫對自己的嫌棄，認為自己是好的，那無論向外尋求多少認可都不會感到滿足。

還有一類人總是不承認自己好、不認可自己，每當覺得自己還不錯的時候就打壓自己，這可能是另一種防禦機制。

這類人的內心可能住著一個不能欣賞自己、不能信任自己，總覺得自己不夠好的內在小孩。這個內在小孩可能有很多不被認可的經歷，那些經歷深深地留在了這個內在小孩的潛意識中，以至於在內心深處總是懷疑自己、覺得自己不夠好，因此才會執著於證明自己。所以，如果你發現有人內心有這樣的內在小孩，好好地擁抱他們吧，多給他們一些肯定。

理解憤怒情緒

總是處在憤怒狀態中的人，背後可能有很多自己不願面對的失望、悲傷和憤怒，這些糟糕的情緒都在表達「我不接受這個結果」、「我不接受這個事實」、「我沒有受傷」、「我沒有錯，錯的是你」。

透過憤怒，這類人保持了自己想像中的強大和完美，這樣雖然可以維護自己的自尊，卻一直無法看清自己的問題和真實的情況，從而讓自己生活在虛假的幻想中。

放不下虛假的幻想，是因為還沒有力量面對「殘酷」的現實，那個現實太「痛」了，讓自己太無力了。唯有忽視它，拒絕它的存在，才能好受些。

不帶有敵意

當一件事發生的時候，如果你的思維中有很多這樣的歸因：「他就是故意欺負我」、「他就是針對我」、「他就是壞」……你就更容易跟別人起衝突。

這種對別人動機的解釋，叫敵意。

當你充滿敵意地推斷別人時，你可能忘記了這只是你的一種揣測，當我們把別人想成不友好的人、會欺負自己的人時，就已經表明我們對對方有敵意了。而這種敵意會無意識地被對方認同，導致其真的對你不夠友好。

這些都是在潛意識裡發生的，而且發生得很迅速。

當你把這種敵意投射到別人身上時，往往真的很容易引發別人的敵意，從而驗證你的揣測，促成這樣的事實。

很多糾紛都是雙方相互帶有敵意引起的。別人眼中的你只代表他的投射，並不是真正的你。他心裡有好的東西，投射出的就是好的東西；他心裡有太多壞的東西，投射出的就是不好的東西。而這些都跟你無關。

太多的人都是想當然地看待別人，把自己的想像投射到別人的身上，或者把別人當工具人，認為別人應該怎麼樣，這是一種以自我為中心、活在自己世界裡的表現。

能聽到別人說什麼，領會到別人的感受是怎樣的、需求是什麼，是一種能力，意味著這個人能擺脫自己的視角和需求去看待別人，而不是把自己的需求投射到別人身上。當你嘗試去理解別人為什麼是那樣的時候，你可能就會對對方少一些敵意。

一個沒有自我的人，往往是別人刺激他什麼，他就對什麼有反應，這就很容易被人控制，失去自我，掉入俗稱「激將法」的大坑。但當一個人有了自我，在遇到刺激時他就會想：我想要什麼，我一定要對他有所反應嗎？這種主動感就像皮膚一樣，在遇到刺激時，將外界與身體劃出了一條界線，讓一個人有了自我的感覺。這種自我的感覺會讓人在關係裡擺脫被動的位置，從而可以掌控自己的人生。

站在對方的角度看問題，保持住自我。訓練這種能力，你會在人際關係中獲得成功。

世界是如其所是，而不是如我所願。如其所是就是世界和他人有其客觀運轉的規律。如我所願是我們渴望改變世界和他人運轉的規律。

越成熟的人，越會遵循世界的客觀規律，在客觀規律運作的基礎上，借勢用力，努力但不執著。

捨棄清高

清高有時候也是一種自我防禦，防禦主動帶來的羞恥感和脆弱感。因為不能承受主動帶來的羞恥感和脆弱感，所以轉為要求別人主動來滿足自己，從而認為對方是一個「識貨」的人。

清高另一方面也防禦了和其他人競爭帶來的壓力。清高的人會理想化自己，同時貶低競爭者，比如認為自己很坦蕩，而對手趨炎附勢或者臉皮厚。

古代文人中有很多清高的人，他們喜歡標榜自己，認為「舉世皆濁我獨清，世人皆醉我獨醒」。

他們總認為自己滿腹才華，無處施展，實際上是不肯面對現實。他們的才華建立在出現「明君」的基礎上，一旦沒有「明君」的賞識和禮賢下士，他們就毫無辦法。

實際上，指望「明君」的出現，從而給自己機會施展才華是對自己才能的不負責任。他們指望別人為自己負責，不然就是舉世皆濁、世人皆醉，這是一種自我安慰。

置身於現實中，本身就需要正視各種不完美、各種困難，要學會為自己創造條件。清高的人可能非常脆弱，但他們拒絕看到自己的這一面，轉而投射為都是別人的錯。結果就是他們雖然維護了自己的自尊和自戀，但現實中卻屢屢碰壁。

不要逼迫自己主動付出

如果你的付出讓你感到委屈、不爽、難過，在怨恨對方前，先問問自己：「我的這種付出是對方強迫的嗎？付出是不是我自己願意的？」如果對方沒強迫你付出，而是你自己願意的，那就要為自己的付出承擔責任。實在沒能力付出，就先照顧好自己，不要總是操心別人。

替別人操心可以獲得優越感，暫時迴避自己要面對的問題，獲得一種「我沒問題，而是你有問題」的感覺，這實際上是在變相地誇大自己：你看我多好，為你操心，看到了你沒看到的問題。

很多付出型的人很難意識到，他們的付出是潛意識裡想獲得認可和誇獎，如果沒有得到他們期待中的認可和誇獎，他們就會抱怨別人忘恩負義，然後自導自演悲情哭戲，並在戲裡自我感動。

在付出之前先照顧好自己。沒有人逼你掏空自己照顧別人，除了你自己。你要看到內心真實的自己，是否渴望透過付出獲得他人的認可，從而獲得自我滿足的價值感。主動付出的人，內心的價值感可能很低。

走出受虐傾向

生活中我們常常會發現，有些人，你對他們好，但他們對你很冷漠，各種挑剔你、貶低你；你對他們不好了，他們反倒來討好你。

這些人，用心理學術語來說就是有受虐傾向。

有受虐傾向的人有兩個核心點：

一、認同了虐待自己的人的邏輯，「我不好好對你，都是因為你不好」，因此潛意識深處一直認為是自己不好才導致了被不好地對待。

二、拚命想做得更好來改變施虐者的態度。所以有受虐傾向的人會格外對那些可能會虐待他的人感興趣，並且執著地想要獲得這些虐待他的人的認可。

一個人要走出受虐傾向，必須意識到以下兩點：

一、不是你不好，才導致他人對你不好。你不好也值得被尊重和愛，而不是被虐待。你被虐待只是證明了虐待你的人自己沒有愛，並不是你的問題。

二、不要執著地抱著幻想去改變施虐者，你沒那麼多能量可以改變別人。除非那個人自己想改變，不然外界很難讓他改變。只要你做好了，別人對你的態度就會改變。很多時候，「你不好」是具有施虐傾向的人向你灌輸的一種想法。

第三章

掌握人生主動權，大膽拒絕他人的「遊戲」

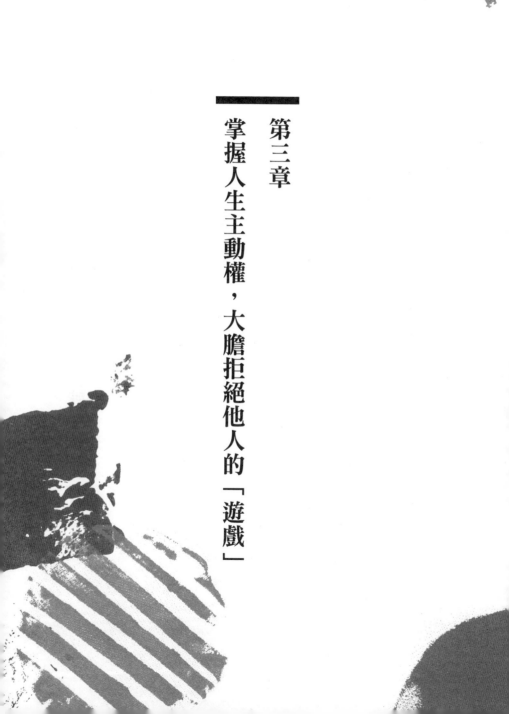

別人的「為你好」，真的能讓你變好嗎

我曾在網路上注意到一個話題——什麼樣的人最惹人厭？出於好奇，我開始瀏覽大家的答案，發現大部分答案都差不多，其中「好為人師的人」出現的頻率最高。

可能大家會感到比較奇怪，畢竟我們一直覺得別人在各個方面幫助自己，指點自己是一件好事。但其實我們這裡指的不是那些真正能幫助到我們的人，而是那些總是無事生非的人。他們總是喜歡在別人面前發表自己的高見，無論什麼事情都想插嘴，對別人進行一番指導和教育。當然，每次他們這麼做，都會替自己冠以合理的藉口，無非是「為你好」以及「這樣才正確」。一旦冠上這些合理的藉

口，任何行為都會變得肆無忌憚和「高尚」，這些人甚至會為自己的熱情和心思而感動。他們從不考慮別人的感受，只剩下一個想法：「我這是為你好。」一旦別人不領情，就演變成如下幾種後果：

「我是為你好，難道還有錯了？」——此處是占據道德制高點的委屈。

「我是為你好，真是不識好歹。」——此處是貶低別人的憤怒。

「我是為你好，出了事你就知道了。」——此處有一些詛咒別人的怨恨。

你是不是會對這種「我是為你好」的人感到抗拒？本來自己好好的，卻要被別人橫加指責，干預自己的生活。這種「為你好」，真的能讓人變好嗎？這些人把自己視作真理，好似站在上帝身邊俯瞰芸芸眾生一樣，任何事都要說幾句，藉由指出別人的錯誤來證明自己的價值。

之所以會出現這種令人嫌惡的行為，原因很簡單，就是缺乏自知之明，從心理層面考慮，就是不想面對真實的自己，不敢面對現實的自己，於是替自己套上了一個幻想中的完美人設。這種自我欺騙讓他們的心中不斷上演內心戲：

我是老師，你是學生。

我什麼都行，你什麼都不行。

你要聽我的，我比你強。

我才是最厲害的。

一個人越不想面對自己，越不想改變自己，就會越渴望改變別人，從改變別人這件事上得到慰藉。

世界上絕大部分的爭吵都是關於對錯的，人們之所以爭對錯，是因為他們都認為自己是代表正確的，而這其實是為了維護自己的自戀狀態。

自知是一種比知人更重要的能力，因為人們的眼睛都長在前面，看清楚別人是本能，但是看清楚自己不是一件容易的事。就像一個人明明家徒四壁，家人衣不蔽體、食不果腹，他卻跑到大街上評論別人的打扮，這人身上的搭配如何，那人衣服的質料如何，覺得誰都沒有品味，甚至還學到了一個新詞——克萊因藍[4]。這個人一直覺得自己比別人都更有品味，直到有人告訴他：「你家人快要餓死了。」

和這種人相處是一件痛苦的事情。你還要時時刻刻提防被他的語言所傷害。對這種好為人師的人，我們要敬而遠之。

4 克萊因藍（Klein Blue）：一種顏色純淨的藍色。因法國藝術家伊夫・克萊因（Yves Klein）混合而成並首先得到專利而得名，與環境色在視覺對比上有著強烈衝突。

拒絕「三六九等」的遊戲，建構高品質人際關係

追求優越感充斥著我們的生活

生活中有些人很愛追求優越感，很愛跟別人攀比，並且根據心裡的標準把人分成「三六九等」。或者說，很多人都因為自己的生活過得沒有別人好而感到痛苦。尤其是當今社會，我們每一個人都脫離不了群體與交際，這種攀比會讓人更加難受。隨著所處位置的差異，處在上風的人因為優越感而飄飄然，處在下風的人則灰心喪氣。我們選擇捧這個，踩那個，好似自己成了這個世界的審判官。

交易關係可以為我們帶來認可和關注。但是在很多人眼裡，想要獲得別人的

認可，就要坐到勝出者的位置上。只有勝出者才配享受關係帶來的認可，而失敗者只會被嘲笑。被這種邏輯困擾的人，往往會陷入自我價值與自我尊嚴雙重波動的陷阱裡，活得又累又無趣。

我的諮商者當中不乏這種人。於是我經常會遇到一個議題——我們的價值感和自尊到底是由什麼支撐的？

追求優越的背後是愛的匱乏

從小到大，我都對「世俗」這兩個字充滿恐懼與不理解。我在很長一段時間裡不明白人為什麼要那麼世俗，僅僅依靠外表和一些身外之物就隨便定義一個人。於是我下定決心，想過一種不一樣的生活。這大概是出於一種自我救贖的心理。在這樣的心態下，世界可以被建構成另一副模樣。這可能是我選擇學心理學的原因之一。

我以前可能沒有意識到，從很小的時候起，我的自尊心就被這個世界傷害過。這種傷害源自外界的批判，所有人都在用自己的眼光對他人指手畫腳。在我的成長環境裡，人與人之間的界限是不存在的，因此必要的尊重也十分缺乏。「因為你不夠優秀，不夠成功，所以你得不到我的認可和尊重。」這種觀念一直盤踞在我父母的思想裡，甚至一直留存到現在。

我的遭遇並非個例。很多諮商者從小就生活在別人的陰影裡，常常被父母拿來和別人比較，不是和張三比，就是和李四比，似乎要超越全世界的人才能讓他們滿意。因此他們並不清楚自身的價值，他們的價值感都建立在與其他人攀比的基礎上，這也是他們自尊的支撐來源。然而，正是攀比阻礙著人們追尋自己內心真正的需求，也阻礙著人們成為真正的自己，讓人們把自己的人際關係發展成競技場，在無限的攀比與炫耀中迷失自我。這種和別人捆綁的價值，會讓人們失去獨立思考的意識。

「愛是有限而稀缺的，需要條件和競爭，所以只有最優秀的勝出者才能得到愛。」這大概是世俗社會運轉的基本邏輯。但在我看來，真正的愛從來都不稀缺，相反地，真正的愛是無限而廣闊且無條件的，也從來都不分三六九等。真正讓我們為愛感到疲憊的是我們的心。我們為了追求那些所謂有條件的愛，將自己置身於痛苦之中。

如果你能明白愛本來就在你心底，你所追求的認可、歸屬、價值，也本來就存在，或許你就可以終結無止盡的攀比了。或許我們無法讓別人無條件給予我們愛，也無法讓別人停止把我們與其他更優秀的人比較，但是我們可以看到自身的閃光點。只有這樣，我們才不會被不斷的攀比所連累。

很多小時候喪失他人尊重的人總是在尋求認同感。越是這樣，越是想要戰勝別人，越是看不起自己。要麼自卑到無處躲藏，要麼揚揚得意、目中無人。這便成了不卑不亢的反面——又卑又亢。他們不能夠準確地看待自己，也不能準確地認識別人，同樣地，也無法正常地尊重自己、尊重別人。

別人好不好，跟你沒有什麼關係

很多人活著，就像是在為別人活著，整天批判這個批判那個。很多人一輩子都認為自己是宇宙的中心，所有的星球都應該圍繞著自己轉。他們覺得自己即是真理，所有人都應該信服自己的觀點。

其實，穩定的人際交流在於不干涉別人的生活，而自己的生活也不要受到其他人的影響。這種關係越穩定，人們就越不會尋求別人的認可，越不會透過在別人的世界裡侵占空間來建立自我價值感。

✿告訴對方，我沒興趣參與你的話題

讓人反感的評價式聊天

生活中有這樣一群人，你和他們聊天溝通的時候常常會感到不舒服，甚至還會有壓力。因為他們的話裡總是夾雜著很多個人觀點和批判。他們似乎並沒有意識到這是主觀的想法，反而覺得這是客觀的真理，並且強行地灌輸給你。你會感覺有壓迫感，自己的意志好像被壓抑了一樣，而且你還沒有辦法反駁他們，因為對方堅信自己所理解的世界永遠是正確的。

跟這樣的人相處，你的內心永遠會感到壓抑和孤獨。因為對方看上去好像每天都在和你傾訴肺腑之言，實際上他們的內心一直處在一種封閉狀態。這種封閉的心裡只有他們自己。

評價式聊天之所以令人反感，原因如下：

一、搞不清自己在關係中的位置

習慣評價式聊天的人並沒有弄清楚自己在關係中的位置，比如與自己交流的人和自己之間的關係到底有多密切，自己有沒有資格來評價那個人，等等。

當你在人際關係中對其他人指指點點的時候，其實意味著你根本沒有把自己和大家放在一個平等的位置上，而是以一種居高臨下的視角來觀察彼此。這算是對別人的一種無形貶低。

但實際上你真的比別人更優秀嗎？你是他們的上司、長輩還是親密無間的朋友？你真的有資格對別人說三道四嗎？這些人並不清楚自己的位置，傷害別人的感情也是必然的事情。

二、有些人意識不到他自己的觀點不等於真理

習慣評價式聊天的人，他們有一個重要的問題，那就是自我分化[5]不足，不清楚哪些是自己的想法、哪些是別人的想法、哪些是現實。

他們會理所應當地把自己的觀點當成所有人的觀點，認為大家都認可這件事情，但實際上那只是他們自己的觀點。他們是他們，別人是別人，所有人都是獨一無二的。人無法改變別人的想法，如果將自己的人生觀強加給別人，冒犯別人，那麼所有人都會感覺到不愉快和憤懣。

三、缺乏邊界

一個高高在上的人自然會自我膨脹。這種膨脹的結果會導致人際交往邊界的缺失，無法區分彼此的邊界。

5　自我分化：指在內心層面個體將理智與情感區分開來的能力，以及在人際關係層面，個體在與人交往時能同時體驗到親密感與獨立性的能力。

他們總是操心別人，常常忽視自己，所以更加難以正視自我。

評價式聊天的人想要什麼

一、手握真理的掌控感

批判別人，可以滿足自己的優越感與自我崇拜心態，讓自己凌駕於其他人之上。這是滿足感最原始的獲取方式，這也是為什麼很多人熱衷於八卦和操心別人的事情。

二、渴望得到別人的認可和關注

每個人都渴望得到別人的認可和關注，這是我們自我價值感的來源。但人們獲取自我價值感的來源是不一樣的。有人強行向別人輸出自己的觀點，因為這是他們獲取價值感的方式，除此以外，他們很少有別的途徑可以滿足自己。

這聽起來既滑稽又可憐。說到底，每一個人的價值都是和整個社會息息相關的。但是這樣的行為過於偏頗和極端，不但會讓自己誤入歧途，也會讓其他人與你保持距離。

三、希望自己成為中心

很多人都有過以自我為中心的階段，但是我們都知道，一個人的成長標誌就是從自我走向社會。然而的確有人會深陷在這個階段無法自拔。之所以會發生這種情況，是因為在成長中有些人得到的同理太少、鏡映[6]太少、認可太少，以至於真正的自我沒有形成。

一個人只有真正擁有了內在的自我，才能擺脫以自我為中心的觀念。

6　鏡映是自體心理學裡最常提及的概念，也是一種技術。在實際諮商中要求諮商師以語言和非語言的方式給來訪者回饋，以促進來訪者去體驗和探索被映照出的自己。

面對這種人該怎麼辦

在人際關係中，表達最容易，傾聽最難。總在不停嘮叨的人，其實有真正所缺失的東西。具體他需要的是什麼，或者說我們需要給予他什麼才能幫助他，這就非常考驗傾聽者的能力了。

面對滔滔不絕的人，我們不要把目光聚焦在話題的表面，而是要放在他自身上。他可能需要以下幾點情感需求：

①被認可，被欣賞。

②被理解，被支持。

③被同意，緩解焦慮。

④受傷了，想被安慰。

在交談中，人們很難直接說出如上的需求，甚至訴說者本人也很難意識到自己真正需要什麼。

若是一個人總是在批判別人，那麼可能意味著他渴望擁有人際間的影響力，渴望被認可，渴望成為萬眾矚目的焦點。只是他往往是藉由貶低別人、抬高自己來滿足這種需求的。

那麼遇到這種情況我們該怎麼做呢？其實這取決於你能從他身上聽到什麼弦外之音。很多時候我們沒有辦法靜下心傾聽別人，是因為我們內心當中還存在更多自己的需求。

如果你和說話的人關係好，願意哄著他、順著他，那麼你就認可、支持他的觀點，讓他體會到自己被重視，滿足他的需求。如果你和他關係一般，或者說你並不想順著他的話繼續下去，那麼你還是早早結束你們之間的話題為妙。

和童年和解，才能與他人和解

無法遵守規則的職員

我曾經有一個諮商者，他很容易在職場中和同事發生衝突，所以經常跳槽或者被解僱。來諮商之前，他在兩年內已經換了四份工作，第五份工作又因為跟上司產生分歧面臨失業的危險。他覺得自己不能再這樣下去了，於是來找我諮商。

這個諮商者之所以辭掉第一份工作，是因為無法遵守公司的上下班打卡制度。他的考勤出現了很多「紅燈」，讓他的直屬上司感到很不滿。兩個人因為這件事情鬧得不可開交，最後他離開了公司。

諮商者對第二份工作特別關注考勤制度，所以他找了一份上下班不用打卡的工作。但很快他又因為其他事情和上司產生了矛盾。他經常無法完成日常工作任務，工作拖延且效率低下，但是對於工作中遇到的難題卻勤於鑽研。這種加班又得不到認可的狀態，讓他最終被公司辭退了。

而諮商者的第三份工作也沒能堅持太長時間。因為他撰寫的報告不符合公司的要求，總是被退回去重寫。上司認為他不服管教，而他認為自己總是不被認可、不被喜歡，滿懷委屈和憤怒。就這樣，兩年來他來來回回換了四份工作。

在我看來，這位諮商者根本意識不到自己潛意識裡總是在挑戰公司的管理和規則，與公司的上司對立並且人為製造一場場衝突，到頭來卻滿腹委屈。

對規則的敵意與接納

這個職場上的失敗者，父母都是高知識分子，在大學裡任教。從小他的父母就對他的教育特別用心，每一個學習階段都為他設下明確的學習目標。但這個諮商者經常無法達到父母期待的成績，他發現自己無論怎樣努力，都不會讓自己的父母滿意，於是慢慢變得容易憤怒，並且開始厭惡所有主流的規則。

從這個諮商者的講述中，我發現他對於自己各個階段的老師都無比嫌棄。他在中學時就開始厭惡學習，不認真完成老師給的作業。但矛盾的是，與此同時，他又非常自律，每天為自己安排學習進度，考試成績還不錯。

這樣就形成了一種怪異的局面。一方面，他成了班裡的壞學生，總是影響老師講課和同學的學習進度。另一方面，他又總是能把握好正確的學習方式，並且贏得了一些榮譽。

這是一個需要靠反抗規則才能找到自我和存在感的人。他害怕所有的規則制定者都會像他的父母當年那樣，總是制定一些遙不可及的目標。他的情緒是複雜的，既有一種絕望的自暴自棄，又有一種不服輸的感覺。這也解釋了為什麼他一直破壞公司的既有制度，又在自己的工作上十分努力。

無法遵循規則的背後是對過往經歷的恨

在武俠小說中，經常會出現一種人物。他們因為不被主流門派承認，或者曾被主流門派羞辱，於是成為與主流門派對立的人。這些人往往武功奇高，但他們有個特點，就是看不上主流門派，或者不遵循主流門派的規矩，喜歡我行我素，甚至願意跟主流門派對抗，把主流門派搞得雞飛狗跳。

我想起了一位相聲演員的經歷。他早年經歷坎坷，被主流相聲界拒之門外。在相當長的一段時間內，他的創作欲跟他的「叛逆」是分不開的。儘管其中部分原因跟主流相聲界因循守舊有關，但更主要的原因在於他早年不被接納的經歷。後來他成了相聲界裡的名家，在相聲界占據了一席之地。我個人認為曾經的拒絕對他內心的影響是挺大的。以前這位相聲演員與主流相聲界對立，他就像一個不被前輩承認的後輩。他表現得越特立獨行，其實內心深處就越渴望被認可。同理，我們眼中每一個對抗規則的人，其實內心深處都是隱藏著對接納的需求。

看見自己的不滿，就看見自己對規則的誤解

規則是社會群體需要的約束和制度。它本身就是一個約定俗成的結果。如果當年那位諮商者的父母能夠做到就事論事，發現他身上的優點，對於他的努力給予足夠的認可，那麼就不會有他這麼多年來對於規則如此執著的怨念了。

諮商者對於規則的對抗和破壞，本質上就是對規則不滿的一種宣洩。曾經的經歷告訴他，只要遵守規則，就會被規則制定者所控制。只有打破規則，他才能夠感受到自己的存在。其實，他根本沒有認識到，並不是這些規則妨礙了他的成長，而是他自己的心理狀態影響了他。他應該意識到是父親的行為出了問題，而不是所有人都會像他的父母那樣嚴苛與無理取鬧。

當這位諮商者在我的引導下理解了自己對抗規則背後的真正原因後，他長舒了一口氣。他慢慢解開了心結，認為今後可以心平氣和地工作與生活，並接受這個社會的規則了。

第四章

回歸自己的內心，而不是總「喜歡」被「審視」

❀關注自己想要什麼，而不是別人的評價

害怕別人的評價

總是過於在意別人的評價是生活中困擾很多人的問題。

因為總是過於在意別人的評價，所以便試圖控制別人的評價，因為害怕別人對自己會有不好的評價，所以活得唯唯諾諾、患得患失、惴惴不安，總是揣測今天的行為有沒有讓別人覺得自己不好，每天內耗非常嚴重。

有的人見了人習慣性地點頭哈腰，時間久了，整個人比同齡人蒼老許多。

有的人面對不了別人對他的負面評價，因此陷入跟別人的糾纏中，忙著自證清

白，或者憤怒於「你怎麼可以這麼說我」，恨不得堵住別人的嘴，嚴重時可能因為別人的一句話而憤憤半生，非得要別人把負面評價改過來。

有的人認為自己的好壞會因為別人的一句話而改變，別人說自己不好，好像自己就真的不好，好像自己的好與不好不是由自己說了算，而是由別人說了算一樣。因為別人的一句負面評價失去了自我的判斷，真可謂是最被動的人生了。

別人無意中的一句話就像一塊巨大的石頭一樣砸中了自己的生活。不過，是誰賦予了這句話如石頭一樣的分量？毫無疑問，是自己。

那些很在意別人評價的人正是如此。

爲什麼有的人那麼在意別人的評價

一、沒有形成穩定的自我評價，不知道自己是誰

人們之所以過於在意別人對自己的評價，是因為他們認為別人評價中的是真實

的自己，並不懂得別人的評價只代表別人的看法，是別人的一種投射。這是一種在心理上未分化的表現。

嬰兒最初是不知道好與不好的，他需要從媽媽的眼睛裡來確認。如果媽媽的眼睛裡閃現著快樂、滿足和笑意，嬰兒就會認為自己是好的，是沒問題的；如果媽媽的眼睛裡閃現的是憂鬱不滿和憤怒冷漠，嬰兒就會認為自己是不好的。

此時媽媽的表現被嬰兒作為感知自己是好是壞的一部分依據，因為嬰兒不知道自己是誰，他要從媽媽的眼睛裡確認「我是誰」。

此階段的嬰兒分不清楚哪些是自己的東西、哪些是媽媽的東西，這就是心理未分化，自身的一些功能依賴外界承擔，比如說評價功能、解讀功能。

如果媽媽能夠看見嬰兒，並且持續地給予回饋，比如「你真是個好寶寶，寶寶你會翻身了，寶寶你睡醒了」之類的，嬰兒逐漸就會有了「我」的概念和「我」的感覺。

在心理上凝聚成「我」的感覺，對一個人來說很重要。這意味著內化了基本的安全感和穩定的自我評價。也意味著「我」知道「我」是誰。

「我」知道「我」是誰，在面對負面評價時，「我」就不需要去辯解「我」是誰。「我」知道「我」是誰，就不需要再到別人的眼裡去尋找和確認「我」到底是誰，「我」是不是好的，「我」是不是有問題的。

很明顯，很多人過於在意別人的評價，是因為他們無法找準自己的定位，不知道自己是好的還是不好的，不知道自己是否有問題。他們一直認為自己的好壞是由別人說了算，因此也就必須依賴外界評價。

沒有凝聚成「我」的感覺，一是因為自我感受和需求長期沒有被看見和確認過，所以不知道「我」是什麼感覺，沒有那種體驗；二是因為可能總是在圍著別人的感受轉，比如圍著媽媽的評價轉，好壞由媽媽說了算，無法相信自己的感受，認為自己是不可靠的，只能依賴別人才能不犯錯，才能成長下去。

這種人雖然外表已經長成大人了，但是心理的某些部分還停留在嬰幼兒期，感受和需求缺乏被看見、被理解、被確認，甚至總是不被認可，以至於一直在尋求認可，尋求「你是個好孩子，你做得夠好了」的誇獎。

有的人都已經做家長了，還在努力地尋求別人的認可：「為什麼我為這個家做了這麼多，卻沒有人認可我？」這依然是一個孩子的邏輯水準，就是把認可的權利交給外界，認為只要「我」做到什麼樣了，外界就應該怎麼樣。如果外界沒有如他所料，他就會感到迷惑。

但是成熟的人都應該知道，這兩者關係不大。能不能獲得認可不取決於你做得多好，更多的是取決於對方有沒有看見並認可你的能力。如果他沒有這個能力，你做得再好，他也看不見，也不能認可。

意識到這一點，你就會客觀地看待別人的評價，從而不再依賴別人的評價。

二、經歷過太多負面的批評

一個成長過程中經歷過太多負面批評的人，形成的自我認知是自己很差、很不好。這種想法是有問題的。這種人很容易發展出一種保護自己的防禦機制，就是避免類似的痛苦再次發生，也就是避免再受到任何批評。

想像一下，你的一條腿曾受過很多傷害，雖然現在外表良好，但是裡面有很多舊傷。而另一條腿，沒有受過什麼傷害，非常健康。現在它們同時承受一次敲打或者滑倒，結果一定是那條有舊傷的腿疼得更厲害，一點微小的傷都可能讓你痛不欲生，因為外界的刺激觸發了它內在的舊傷，而健康的腿疼得就沒那麼厲害，甚至可能疼一會兒就好了。

有的人長大後變得像刺蝟，渾身帶著刺，受不了一點的批評，不然情緒就會變得非常激動。這是因為他心裡舊傷多，潛意識裡壓抑的憤怒和委屈也多。如果你不小心觸怒他，他會把累積的所有憤怒和怨恨一股腦全倒向你。

做管理的人經常面會對這樣的難題，部門裡有個員工，很難管，批評不得，一批評就跟小貓受到威脅一樣，瞬間炸毛。不要害怕，這只是一個內心受傷過多的員工。對這樣的員工，就要少用批評這種管理策略，多給予鼓勵。

如何改變自己

一、確認自己的感受和需求

很多朋友跟我回饋，自己進行一段時間的調節後，會有這樣的感覺：遇到事情的時候，他們會首先關注自己的感受、自己的需求、自己的判斷，而不再盲目地盯著別人怎麼想。在別人發表想法的時候，他們會問自己是怎麼想的。

有了這種對自己的感受和需求的感知，以及學會區分別人的回饋，很多人覺得自己彷彿有了防彈衣，別人的評價和說法不再那麼容易傷害到自己了，因為他們開始明白，別人的說法只代表別人，而他們有自己的感受和看法。

能夠看到並且信任自己的感受和看法，這本身就是擺脫別人感受和看法的第一步。在很多依賴外界評價的人那裡，自己的感受和看法常常是被他們所忽視和懷疑的。因為忽視，所以他們總是看不見自己；因為不信任，所以他們無法賦予自己力量。但這並不代表這些感受和想法就不存在。

即便是最壓抑、最忽視自己感受和想法的人，也會渴望被看見，只不過很多時候，他們是透過疾病或不舒服的形式體現出來的。人的語言只有一種，但潛意識的語言有很多種，心理障礙、軀體疾病、人際衝突等，可能都是在訴說你沒有看見的那部分，就看你能不能好好地傾聽自己的內心，解碼這種無聲的訴說。

「我」形成的前提是體會到、看得到自己的感受、需求和渴望。

二、你要看見別人評價的背景

過分在意別人評價的人在對待別人的評價時，根本不會考慮對方是個怎樣的人，有什麼樣的人格特質，以及他有沒有能力給出正面的評價。

比如有的人本來就是「槓精」[7]，你卻非要獲得他的認同，讓他不要和你抬槓，以至於跟他爭論不休，那麼，他有「病」，你是不是也要好好檢討一下自己？

7 槓精：網路用語，指愛唱反調，爭辯時故意持相反意見的人，他們會透過這種行為獲取快感。

有的人本來就很勢利，你非要讓他真心待你，那豈不是很難？

審視一句評價背後的整體因素，你就會發現很多人根本不是在針對你，而是他本身就是一個喜歡評論別人的人，或者善於搬弄是非的人。如果因為這樣的一個人說出的話而苦惱，那豈不是太不值得了？

跳出這個局限的視角，全面審視別人對你的評價，你會發現，有些評價根本不可取，你若因為某種評價而輾轉反側就太不值得了。

三、明白自己控制不了別人的評價

別人怎麼評價你取決於他，這個不受你控制。你能做的，是認清真實的自己。你需要的是給自己交代，而不是給別人交代。

四、多問自己：我要的是什麼

你想要什麼，決定了你會做出怎樣的回應，而不是根據別人的評價做出自己的反應。這是很多害怕別人評價的人成長後最大的感悟。

「以前在公司很害怕上司或同事怎麼評價我，現在更關注我要的是什麼，我要怎麼反應。」

「以前很被動，現在釐清了我想要什麼，才覺得自己的人生有了主動權。」

是的，釐清你想要什麼，決定了你會怎麼應對外界的評價。這就是反客為主的藝術。

五、與那些支持、認同、理解你的人連結

完全不在意別人的評價很難做到，畢竟人都有脆弱和迷茫的時候。人在脆弱和迷茫的時候，很容易在意別人的評價，渴望依賴別人，渴望從別人那裡獲取認同感，這都是非常正常的。

所以我們在日常的溝通交往中，要釐清和建立一些良好的人際關係。這些良好的人際關係，能夠在你脆弱和迷茫的時候給予你力量和關懷，這些人給你的評價往往也都是比較有益、比較可取的。

真正理解自己的人給予自己的認同和評價，也會使自己在很大程度上減少盲目地在意他人對自己的評價。一個人盲目地在意別人的評價，也可能恰恰反映出他身邊缺少能支撐他、看見他、滋養他的高品質關係。一生難得一知己，一旦擁有便有了對抗世界的力量，說的就是這樣的關係吧。

不過，就算沒有也沒關係，你還有很多時間去尋找。或者你也可以嘗試去諮商，在一段滋養型的關係裡，看見自己，療癒自己，內化出一個穩固的自己，以迎接外界的風風雨雨。

✿我同樣也可以不喜歡你

在日常生活中，有很多人在自己獨處的時候很舒服，怡然自得，但只要一和別人交往，就會不由自主地過於關注自己的表現，生怕自己哪裡表現不好，哪裡出了錯誤，惹人不喜歡，甚至會不經意地揣測對方的想法。

有次朋友生日聚會，大家聊得很開心。但在回家的路上，同車有個朋友在一旁看手機沒有說話，朋友小董就有點緊張起來，並且開始胡思亂想：他怎麼不說話一直在看手機？明明在聚會上大家聊得挺好的呀，他是不是不喜歡我呀？小董開始有些不安，就傳訊息給我：「要不要說點什麼打破一下沉默？」、「他是不是對我有意見？」、「難道我吐槽太多了，所以他不想再和我聊？」

小董就這樣苦惱了一路，直到回到家。本來聚會挺開心的，但這一路的不安和胡思亂想，弄得小董筋疲力盡，身體上和精神上都格外疲勞。

其實很多人都會有類似的困境：一旦所處的場合安靜下來就會情不自禁地覺得尷尬、緊張和不安，不自覺地會從自己身上找原因，生怕別人討厭自己，以至於不敢做自己，沒辦法釋然，弄得身心疲憊。

那麼，該怎麼辦呢？

針對這個問題，《被討厭的勇氣》一書中提出了一個非常有智慧的方向——課題分離。簡單理解就是，分清楚這件事是屬於誰的事，誰就去負責。如果你不喜歡我，是你的事，我控制不了；而我要怎麼活，是我的事情，你也管不著。

一個人要活出自我，就要大大方方地接受自己身上有令人討厭的部分。「別人討厭我沒關係，我不理他就好了。」但在我認識的朋友中，能做到課題分離的人很少。可見，接受別人的討厭、坦然做自己，是有難度的，要看以往自己是否曾被篤定地喜歡和認可過。

小董後來在和我溝通時提到這樣一種感覺：「我很難接受別人討厭我。一旦知道有誰討厭我，我就會很難過，覺得自己是一個很糟糕的人。我總需要確認別人喜歡我，才會覺得安心。」這種「尋求確認」的感覺一直伴隨著他。

小董從小在父母面前，一直努力變得優秀，希望被父母誇獎；長大後在各種人際關係裡，他也習慣去討好，討好朋友，討好上司，希望他們能喜歡自己。所以如果周圍有人對他不滿或對他態度很糟，小董就會緊張起來，陷入一種被動和不安裡，懷疑自己很差勁。

這種執念，很多時候來自小時候不被認可。小董說，自己從小就很少體會到被他人喜歡的感覺，更多的是感到被嫌棄。父母的反應總使他有這樣一種感覺：再怎麼做，自己都不夠好。

像他這樣的孩子，由於得不到認可，無論怎麼做，父母都會挑他的不是，他經常陷入無助、憤怒、沒有安全感的狀態裡。沒辦法從父母那裡獲得安全感和認同感，這導致小董一直沒辦法肯定自己，只能根據別人的反應做判斷，沒辦法做到課題分離。所以他的內心經常是慌張的、不確定的。

為了抵禦這種難受的心情，小董一直在尋求認同，並且對於「被討厭」感到敏感和無力。從他身上我們可以看到，具備課題分離的能力是有前提的，那就是這個人在早期的成長中得到了想要的心理營養，從父母的眼睛裡看到了滿意、喜歡和認可。

所以，總是在為別人喜不喜歡自己而患得患失的人，必須意識到，你想得到外界確認的需求，可能是小時候沒有從養育環境裡獲得足夠的認可和喜歡，沒有認同感導致的。而且很可能你在潛意識裡更認同你父母的態度——我不討人喜歡，我不夠好，所以才需要外界的長久性的喜歡來證明自己足夠好。

當一個人需要不斷從外界得到認可時，很可能會引發一個後續行為：控制。無論是討好、變優秀，還是猜測別人的想法並急於解釋，這些都屬於控制性的想法和行為，目的是讓對方喜歡自己、肯定自己。小時候，一旦孩子察覺到父母不喜歡他、不認可他，往往會感覺到很無助，為了獲得認可和安心，他就很可能會用盡不同的方法，執著地想要討好、改變和控制父母的態度。

一直執著地讓別人喜歡自己，正是與父母關係裡未解決的情結的延伸。因為潛意識的情感是不認人的，只要碰到當初跟父母一樣不認可自己的人，它就自動默認為這是當年未完成的任務，強迫自己要去完成它：「我必須改變你，讓你變得喜歡我。我都做得這麼好了，你為什麼還討厭我？」

其實這些話都是對自己的父母說的。不管這個人是不是已經為人父母，不管時間過去了多少年，即便他早已不再是當年那個幼小的孩子，對方也不再是「鐵石心腸」的父母了，但是，當初自己內心那無助感還是會被觸動到。

所謂解鈴還須繫鈴人，我們要意識到，正是因為自己當年太受傷了，所以今天才會如此執著地不放過這些討厭自己的人，也執著地不放過自己。

自己沒有從父母那裡得到足夠的認可和喜歡，這是情結的緣起。想要解開這個情結，需要我們正視這個遺憾，承認也許一輩子都得不到父母的認可，也許一輩子都得不到某些人認可的事實，並且發展出「自我的想法」。

沒有被好好對待，確實非常遺憾，委屈、悲傷、憤怒，這都很正常。要允許自己把壓抑的憤怒和委屈表達出來，同時也要看到父母的局限、周圍人的局限以及自己的局限。

「課題分離」是阿德勒心理學中的重要部分，也是一個人走出嬰幼兒的自我中心，完成人格成熟的重要一步。當我們還在執著地渴望從他人的眼裡獲得認可時，意味著我們尚未掌握一項技能：擁有對自己的判斷和對自己的認可。一個人如果不去練習擁有自己的看法、自己的判斷、自己的感受，他就永遠不能擁有自我。

痛苦的一大根源在於無法從自己的感受出發去做事，而總是以別人的感受或別人的看法為中心去做事。有的人看到別人傳來任何訊息都要問，我該怎麼辦？那是因為他在看訊息時不能從自身情感去體會對方的話，而是想著如何回覆對方，令對方認可自己的觀點，喜歡與自己溝通。

一個人封鎖了自己思考和自己獲得答案的管道，認為所有答案都在外界、在別人那裡，他只需要被告知如何做，按照別人的建議做就可以，這是完全錯誤的。

一個人如果不建構感知自己內心的能力，他可能很難會有自己的判斷和思考。我們需要對外界的訊息有獨立思考的能力，這是一種邊界意識，也是一種自我保護。如果缺少這種意識，就好比人沒有皮膚，那就很容易讓外界各式各樣的聲音、思想、情感直接侵入自己的內心，甚至控制自己的情感和想法。在這種情況下，人會很容易受傷，並且很容易被操縱。

缺少邊界意識，實際上就是缺乏自我。一個人從來沒有把自己放在一個成年人的位置上，而是把自己放在一個孩子的位置上，試圖讓所有人來認可自己，就是缺乏自我。缺乏自我的根本原因是過於依賴外界或他人，抑制了自己獨立思考的能力。

練習擁有自己的看法和判斷，關注自己的感受和需求，並為此承擔責任，如此才會逐漸擁有自我。只有當我們擁有自我之後，才能意識到哪些是自己的看法，哪些是別人的看法。這就是課題分離。「不想被人討厭」是自己的課題，但「別人是否討厭我」是他人的課題。你不是為了滿足他人的期待而活；同樣地，他人也不是為了滿足你的期待而活。

這個世界上，沒有任何一個人可以得到所有人的喜歡，就像一道菜，不可能得到所有人的喜愛。但這不代表你不好。比起別人如何看待你，你更應該關心自己的看法和感受。

希望有一天，我們每個人都可以大大方方地面對別人的討厭——被他人討厭也沒辦法，這並不是我的課題。如果你覺得苦惱，那就成了你的課題。

同樣地，你也擁有討厭別人的自由。不要害怕互相討厭，也不要強求互相喜歡，關係就輕鬆了。

正視自己內心的需求，從正面溝通

關係彆扭與需求表達

上小學的時候，我的同桌是個很調皮的男孩子，特別喜歡「把我弄哭」。具體表現在，要麼就是抓很嚇人的蟲子放在我的文具盒裡，要麼就是當著很多人的面揭我的短，平日裡拉我的辮子、扯我的書包都是常事。每次看到他，我都莫名地感到害怕，會產生很大壓力。

長大之後，在梳理這部分經歷的時候，我發現自己很難去描述這段經歷對我造成的影響和傷害。我曾有很長一段時間厭惡我的那位同桌，但更厭惡那時的自己。

但其實我的同桌並不是一個很壞的人，也不是一個很糟糕的人，我的同桌私底下對我很好，我在功課上有不會的問題他都很爽快地幫我講解。在課業上他也是一個很出色的人，能力很強，後來在工作上也取得了很好的成績。

直到最近，再回憶起這段往事的時候，我似乎才弄明白當時他為什麼會那樣對我。那是因為我們兩家住得很近，父母也都認識，他是想跟我親近，想拉近關係。很多青春期的小男孩覺得一個女生很可愛、很好玩，想跟她親近時，就會用破壞性的搗蛋方式來表達他們的喜歡。

但是這種方式令當時的我無比反感、恐懼。事後想來，自己後來一直對這個同學很冷淡，是因為他表達需求的方式常常讓我難以理解。

正視自己的需求是一種正義

我小時候性格比較扭捏、害羞，面對社交場合總是選擇逃避。

我媽媽很喜歡落落大方的孩子，最討厭我扭扭捏捏的行為。不論是逛街買衣服，還是家裡親戚聚餐，我都不太善於在人前表達自己的情感，也不太善於發表自己的想法，因此沒少被媽媽數落，她經常掛在嘴邊的話就是「這孩子膽子小得很」、「你看某某在大人面前大大方方的多好，你看你，恨不能縮在房間裡不出來」……從小被她數落慣了，導致我越來越膽小，越來越不敢表達自己，也不懂得自己內心真正的需求。有很長一段時間我都會刻意迴避跟人打交道，變得非常退縮，完全沒有辦法做一個大大方方的人。

學習了心理學後，有很長的時間我都在想，什麼叫大大方方？什麼叫扭捏？我發現這兩者最重要的區別就在於有沒有確實地表達自身需求，堂堂正正地展示自身存在。確切地說，應該是對於自身需求是不是有一定的確定和自信。

我小時候之所以很扭捏，是因為我從小生長的環境並沒有給我這種對於自身認可的確定感。相反地，我的媽媽總是在傳遞「你很不好」、「你不如別人家的小孩」的信號，她總是在表達對我的不滿，總是強調我是一個多麼糟糕的小孩。

當一個人不能確定自己到底是好還是不好的時候，不確定自己身上也有值得肯定的東西的時候，他就沒辦法大大方方。因為他內心對自己的性格充滿厭惡，嚴重時甚至會對自己的存在充滿羞恥感。這樣的人，又如何能光明磊落、堂堂正正地表達自己的需求呢？或許，他都沒有一個機會和空間去正視自己的需求。

不被支持和認可的人很難有底氣面對自己的需求，更不用說把它大大方方地說出來。當不能大大方方地正視自己的需求時，我們的潛意識就會用很多偽裝的方式來表達這種需求。

比如，用指責、不滿來表達自己渴望被認可和重視的需求；用「我是為你好」這種說法來悄悄滿足自己的需求。很多人擅長用這種方式來索取自己的心理營養，因為在眾多偽裝的方式中，這可能是對自己最無害又收穫最大的一種。

指責與貶低別人一方面能讓人避免體驗因為需要別人而帶來的脆弱感，避免自戀受損，同時能體驗到「我優於別人」、「我沒有錯」的優越感和清白感，大大增加自戀程度；另一方面，還可以把自己因為期望或期望落空所承受的壓力轉嫁到別人身上，讓自己的內心感到輕鬆。

很多父母都是這方面的高手，比如，有的父母放棄追求自己事業上的成功，但千方百計地要讓自己的孩子成功。他們把所有的精力都用來培養孩子，時刻關注孩子的一舉一動。這樣的父母最常用的口頭禪就是：

「我這一輩子都是為了你。」

「為了你，我是多麼操勞。」

「為了你，你看我放棄了多少？」

孩子被道德綁架，被架到必須成功的十字架上，後退不得。孩子有時也會覺察出這種關係有些彆扭，但是他們很難說出彆扭在哪裡。潛意識裡他們可能缺乏做事的動力，或者無意識地透過搞砸某件事的方式來表達他們對這種綁架的憤怒。

父母把自己的人生寄託在孩子身上，用孩子滿足自己的需求，不願意承認自己對成功的過分渴求，但自己又是個膽小鬼，不願意承認自己在追求成功路上所遭遇的失敗。

不願自己的自戀受損，便總是綁架他人。這當然是一本萬利的方式：自己什麼都不用負責，只需要提要求就好了。

這樣的人發展到極端就會患上自戀型人格障礙，他們無法正視自己，對自己有無限誇大的認知，總是透過否定外界與貶低他人來保持這種自我認知，無法跟他人建立平等的關係，只能建立剝削型、操控型的關係。

自戀和自卑是一對雙胞胎。對外表現出的自戀，其本質往往是對自卑的防禦；外在看上去的自卑，內心往往隱藏著渴望，渴望自己無所不能的自戀。

如果自戀的人能夠正視自己的表現，就會發現導致他如此自戀的正是他深至骨髓的自卑，他或許因此有希望走出這種泥沼，不至於成為一個人格障礙患者——人人避之不及，自己卻仍不停自我欺騙：我很好、很厲害，也很優秀。

大大方方地表達自己的需求是一種能力

上面提到了，我小時候是很扭捏的。那我又是從什麼時候變得不扭捏的呢？從我正視自己的需求開始。

正視當年我媽媽說的那些話對我造成的影響，我有多麼不認可這些話，我對這些話就有多麼憤怒。正視我對別人和別人對我的讚美和認可。正視我作為一個個體，真實的自己是怎樣的，包括我的身高、長相、內涵、外在、家境、能力。正視我對成功和金錢的渴望，以及希望得到別人重視的渴望。正視我本質上有多麼世俗的一面，而不是極力否認自己糟糕的一面。正視我的擔心和我的恐懼⋯⋯。

實際上，我之所以很扭捏，是因為在家人面前很難真實地去表達自己的需求，而家人也同樣不表達他們真正的需求。比如我的媽媽希望我能大方一點，善於交談一點，能在家庭聚會上替她爭光，來彌補她在人際關係方面的欠缺，但是她不願正視這一點，也不願好好表達她的需求，卻對我的行為貼上很多標籤，把她在人際關係方面的焦慮投射到我身上，從而一味地批評我、指責我。

當我一點一點建立自信，確信自己是好的，是沒有問題的，然後慢慢去了解別人背後的情感需求，知道對方並不是覺得我很糟糕，只是希望我能夠做得更好以後，也慢慢開始去表達自己的需求，大大方方說出自己的內心感受。

有誰天生是扭捏的呢？我們每個人都希望得到他人的認可和讚美，希望被接納，這是根植於所有人內心深處的渴望。所有的生命都渴望被看見，如果沒有得到，就會一直想要。如果實現的過程總是受阻，就會在潛意識裡透過一些偽裝變形的方式來變相滿足自己。但是這些方式很多時候似乎很難被人識別，所以自己得到滿足的機會也大大減少了。

用恨表達愛，用不滿表達親近，這種方式並不可取，很少有人能接受這些方式，也很少有人願意接受這些刺人的「親近」。

所以如果你感覺自己和別人關係彆扭時，先自我審視一下，是不是因為自身彆扭導致了關係不順暢。當你把自己理清了，外在的關係也就理清了。

敢愛敢恨，成為一個能夠表露情緒的人

建立順暢關係的能力，就是敢於表達愛恨情仇的能力

絕大部分的心理問題，都是由於和外在的關係存在問題引起的。能不能在關係裡感覺舒服，對一個人的心理健康影響重大。有一個經常被我們忽視的因素，極大地影響著關係的舒適度，那就是我們是否能將自己的真實情緒在和別人的交往中真實地表達出來，尤其是負面情緒。

彆扭的情緒表達，才是造成我們關係不快、內心困擾的重要原因。比如，當和朋友在相處中發生不愉快時，如果當下可以把自己的不悅情緒好好地表達出

來，就會好很多，並且有可能獲得理解和尊重，實在合不來就算了。但這時很多人往往會選擇憋著，有什麼不滿也不一一表達出來，從而心生怨恨，由此心裡不痛快，和朋友的關係也變得糟糕和疏遠。當親密關係發生衝突時，如果不能有效地表達自己的情緒，尤其是不滿時，就會口出怨言，傷害到對方。

一個人建立關係的能力有問題，基本上表現為這個人不能順暢地、真實地表達情緒，產生了瘀堵。因為瘀堵，情感無法流動，隨處亂發洩者，表現為脾氣大，不善於發洩者則會埋在心裡，長期得不到舒緩，導致憂鬱、焦慮或者躁狂，甚至破壞當前的關係，有的人還會出現如失眠、胃痛，甚至更嚴重的身心失調症狀。

為什麼有很多人無法在人際交往中順暢地表達情緒呢？

不能表達情緒的背後，隱藏著幾種恐懼

人無法真實地表達自己的情緒，大多是因為在這件事情上吃了苦頭，對自我表

達產生了恐懼。這些恐懼大多產生自人們最初的人際互動，也就是跟養育者的互動關係。因為在這些互動中有了幾次受傷的經歷，慢慢變得恐懼，並把這種恐懼的感覺帶到了其他關係裡。那麼，我們究竟在恐懼什麼呢？不同的恐懼，對應著不同的創傷經歷。

一、不敢表達憤怒和恨，是因為曾經被報復

很多人在小時候會對父母的指責不服，反抗後，結果迎來了父母更大的指責。有一位朋友回憶小時候最令他感到害怕的一次爭吵，當時他直接被父親推倒在地，還被踢了好幾腳。因為這種凶狠的懲罰，這個朋友從此之後再也不敢反抗父母了。

父親的那次報復式懲罰，成了他的噩夢。長大後在所有的關係中，他都不敢跟人起衝突，害怕表達不滿後會被別人傷害。在他內心，把別人惹生氣後，別人會對他大打出手，而他如螻蟻一般弱小，所以只能選擇忍氣吞聲。

二、不敢表達不滿，是因為害怕被拋棄

很多父母都喜歡用「恐嚇」這一招來管教孩子。如果孩子對某些東西或要求表示不滿，父母會用「不理你」或者「不要你」，甚至「不給你飯吃」這種類似的話來懲罰孩子。在孩子的心裡，他們是很害怕被父母拋棄的。

這種威脅讓他們不敢表達自己的不滿，只能乖乖聽話或者討好父母以求得不被父母拋棄。這種人在長大後非常害怕關係破裂。關係的破裂對他們來說就像被拋棄了一樣，因為害怕被拋棄，所以只能小心翼翼，不敢表達自己真實的情感。

很多不能表達自己情緒的人，往往對情緒有非常負面的認識。父母對他們的影響，除了會使他們害怕關係破裂，還會讓他們對這樣的父母形成反方向的認同：我一定不能成為像我父母那樣的人；我一定會處理好任何關係，絕不輕易發洩情緒，引起衝突。他們過度要求自己，從一個極端走向另一個極端，不允許自己因情緒而引起矛盾，拒絕自己有各種情緒的波動，活得非常理性。他們用極端方式來表達童年時累積的對父母的恨意，認為只要自己這樣做了，就會遠離早年

的痛苦，從而保護自己。

事實上，隔離自己的情緒讓他們的內心變得空洞，生活容易陷入無意義的狀態中。更多的時候，他們會發現，儘管不讓自己有情緒，但其實自己早已被一些說不清楚的低落情緒包圍，內心就像一潭死水，感到空虛、麻木、悶得慌。以上心理過程，涵蓋了一個人不能在關係中表達自己的主要原因。

那麼，父母為什麼會抑制孩子的表達呢？背後是他們自身的內心匱乏。

恐懼的背後，隱藏著父母的兩種內心匱乏

一、父母無法接受孩子表達負面情緒和帶有攻擊性

一個真實的人，包括孩子，都帶有正常的攻擊性，這是一種自我保護的本能反應。當他感覺不舒服了，或者內心受到了傷害，就會像其他動物一樣，表達不滿或者做出攻擊。

小孩子對這種不滿或攻擊往往是毫不掩飾且沒有被壓抑的，所以他們會表達得很明顯。例如哭鬧、罵人，甚至想打人。

如果養育者自己的生活處理不好，或者自我認同有問題，很可能會把小孩子表達不滿或攻擊的行為理解為一種新添的麻煩，就會表現出慌張、憤怒，嚴重時會覺得生活有些失控。

而為了避免這種糟糕的感覺，養育者會用各種方式來壓抑孩子的攻擊性表達，例如忽視、不回應或粗暴回應等，藉此要求孩子聽話一點、乖一點。如此一來，孩子的真實情緒就被壓抑住了。

二、孩子承受了強烈的攻擊性，喪失正常的關係體驗

有的養育者不但無法承接孩子的正常攻擊性，並且對自己也有大量的攻擊性。這源於他們自身的情感匱乏，無法滿足自己。例如自己賺錢不夠多、不夠優秀、不夠體面等等，導致他們很容易向孩子索取，希望孩子課業成績好、各方面

都很優秀，以此來滿足自身的缺憾和需求。

如果他們的缺憾和需求無法得到滿足，就會憤怒地批評孩子，或者貶低孩子。此時孩子幼小，沒有足夠的閱歷和知識做判斷。所以他們很容易就認同這些來自父母的批評，會覺得自己可能真的很差，然後表現出刻意地討好父母，圍著父母的需求轉。

這樣一來，孩子就在關係中喪失了自己的主體性，自動淪為被剝削和自我貶低的一方，變得要麼討好，要麼逃避。這種體驗，會遷移到孩子日後的其他關係裡，使得他們在大多數關係中都在迎合他人，避免自己受傷，更別說表達自己了。

情緒表達和關係修復的關鍵

創傷在關係中產生，也只能在關係中修復。憤怒和怨恨本來就是人的正常情感，因為小時候自己沒有被認可、被接納，所以性格越來越扭捏，讓人不敢觸碰，導致情感無法流動，憋得自己情緒不健康，關係也不順暢。

所有的後果都在提醒我們，要去了解自己，打開那個不通的點，疏通那個瘀堵的點，釋放被恐懼鎖住的真實情感。

很多在親密關係中很「作」的人，在跟外界的關係中往往非常懂事，他們只跟親密的人「作」，表現得很難伺候。其實這是他們潛意識中的創傷在尋求修復和療癒。只是這種「作」的方式很難被意識到，所以就很難被他人理解，還容易導致新的怨恨。不過一旦對方有能力意識到他們潛意識中的創傷，並試著去理解和接納他們，他們就會被治癒。

就像電影《哪吒之魔童降世》中，哪吒一出生就哭鬧搞事，當他的媽媽抱著他的時候，他用力咬了媽媽，卻發現媽媽忍住了疼痛，溫情地抱著他，於是他就安靜了下來。這種例子並不少見。例如我們經常看到的，一個人遇到一個溫暖的伴侶之後，就會變得平和了不少。當然這在生活中是很難得的，但我們也要有勇氣表達自己，把自己的情緒鬱結打開。

承認眞實的對方，關注並改變自我

看不見別人是因爲自己內心太匱乏

我有一對朋友，他們的婚姻一直不太順暢，兩個人總是吵架，更多的是妻子對丈夫的埋怨和不滿。一旦給了妻子開口的機會，她就會持續不停地埋怨丈夫：你怎麼那麼懶啊；什麼都做不好，我能指望你什麼；下班天天那麼晚，也不注重節假日，從來不送禮物給我……更過分的還會說丈夫多麼差勁，多麼對不起自己。

可是當我問她，對方這麼糟糕，你為什麼不離開對方時，她又根本不想離開這個她嘴裡覺得如此差勁、如此糟糕的人。

在一起問題不斷，兩個人都很痛苦；而離開吧，又放不下，左右難受。用兩個字形容他們的關係，就是糾結。

糾結是一種心理發展水準分化不清的表現，簡而言之，就是分不清你我，分不清哪些是自己的事情，哪些是別人的事情。

說得更深一點，就是糾結的人想要的是得到內心的滿足，這樣的人都有一個核心訴求：要改變他人來滿足自我。

「他為什麼是那個樣子的啊。」

「他不應該是這個樣子的。」

「他不是應該這樣嗎？」

「為什麼他就不能改變一下呢？」

這裡有一個需要強調的核心觀點：看見並接受真實的對方。

在日常相處中，有些人總是拒絕看見並接受對方真實的樣子，他們只是一味地想讓對方改變來滿足自己，讓對方成為自己想要的、期待中的那個人。

他們看不見真實的對方，看不見對方在生活中真實的樣子，只是一味地抱怨。但在這些背後，更重要的是他們也看不見真實的自己，在他們所抱怨的事情裡，雖然全是對方身上的毛病和缺點，但抱怨背後的情感訴求都是自己的情感需求，落腳點都是自己。他們看不見自己的情感需求，才會迫切地希望別人能夠做出改變，成為自己理想中的樣子，更好地對待自己，給予自己更多溫暖和愛護。

那麼，要如何改變這種狀況呢？

看見自己的關鍵：和你的感受及需求待在一起

看見自己的關鍵，是了解自己的情感需求和真實感受，並有能力和自己的需求和平相處，自己能夠處理和消化情感需求和真實感受。

一、別把自己的感受和需求轉化為別人的問題

後來我找機會跟我那個女性朋友坐下來進行了深入的交談。我問她，你整天嫌棄對方，是想獲得什麼？如果你不指責他，你會有什麼樣的感受？

過了好一會兒，朋友才支支吾吾地說：「如果不指責他，我就會很難受，我就會指責自己，因為總覺得自己不夠好。」

這就是一個把自己的感受和需求轉化為別人的問題的典型例子。實際的需求是自我覺得很差，自己不滿意自己，自己需要一些他人的認可和讚美，自己沒有安全感。結果呈現出的現象卻是對方為什麼要這樣，為什麼造成這種情況，為什麼把一切弄得很糟。因為對自己很不滿意，所以對現狀和周遭的人就更不滿意，隨之表現出來的都是指責和抱怨。

把自己的需求轉化為別人的問題，有一種很強的心理動力。我們都見過指責型的人，他們有著很強烈的情感，只是他們意識不到或者不願意意識到，在這種強烈地指向別人的情感背後，帶著強烈的需求沒有被滿足的匱乏感。

渴望被承認，渴望被認可，渴望被重視，渴望被愛，但是無法被看見，更無法正向表達，就用另一種不恰當的方式來變相表達：明明是索取，卻偽裝成憤怒的指責。

每當別人沒有滿足他們的需求和期待時，別人在他們眼裡就會變成不愛他們的人、很差的人。如果在指責和抱怨的時候不妥善處理，或者對方的回應不是自己理想中的那樣，情緒就會升級，上升為憤怒。此時憤怒是一種次生情緒，防禦的是悲傷和脆弱。

但是如果我們不能從別人的問題背後看到那個被掩藏的自己的需求和感受，我們可能就永遠無法看見真實的自己。沒有自己，何談別人？邊界也就無從談起。先有「我」，才有你。看不見自己，當然也就看不見別人。

二、不做「沒有感受，只有道理」的人

有的人把自己的需求轉化為別人的問題，用指責和抱怨的方式表現出來，還有

的人擅長用講大道理的方式表現出來。

我有一個朋友就是如此，他非常喜歡講大道理，喜歡用大道理去要求別人、要求自己。結果可想而知，喜歡跟他相處的人很少。

這些人通常沒辦法談一些具體的事情，總是要把具體的事情變成抽象的理論來討論。你問他的情感需求，他會很困惑，說不清楚自己的感受，也不清楚自己的情感需求。

但你要說他沒有情感需求嗎？並不是，他會不停地跟人分享他看過的書和看過的電影。這本書如何有趣，那部電影如何感人，其實都是他在表達自己內心的情感需求、內心的渴望，渴望有人看見他、理解他，與他產生共鳴。但是他意識不到自己背後對情感的這種需求。

共鳴可以給予別人療癒。表面上他講的是道理，實際上他想要的是情感共鳴、情感回饋。情感是人特有的東西，是鮮活的、流動的；書本則是死的、僵化的，道理也是死的。

為什麼在跟人打交道的時候，非得要把感受到的部分拿掉、過濾掉，只用道理交流呢？

三、和自己的要求待在一起

除了一味地指責別人的那一類人外，還有一類人是活在條條框框裡，活在對自己的各種要求裡，然後不停地折磨自己。這種人就是因為自己要求過高、過於刻板，達不到自己的要求而出現焦慮、憂鬱或者強迫性行為的人。

聽話的學霸、上進的優秀者比較容易出現這種問題。他們比較看重對自己提出的要求，所以比較容易忽視自己的感受，不知道自己的情感需求需要被重視。他們看不見自己，只看得見要求。

實際上這種要求代表的是早年養育者的要求和標準，而這些要求和標準已經被內化了。他們孜孜不倦地追求別人對自己的滿足，是希望藉由這種滿足，得到被重視、被接納、被認可的滿足感。

如果我們能感受到對自己嚴苛要求的背後是對不被接納的恐懼、不被認可的恐懼、害怕被拋棄的恐懼，就能明白究竟是哪些真實的情感在控制我們，讓我們活在條條框框裡。我們需要處理和面對的就是這些情緒和情感。

正是在那些不敢面對的感受裡，藏著真實的自己。

在每一個要求自己是超人、做一個完美主義者、不能不優秀的成年人的身體裡，都藏著一個曾經不被接納、沒有被看見的內在小孩。

怎樣才能了解自己、改變自己

那麼，要如何才能看到真實的自己，進而改變自我呢？

其實，了解自己就是在改變自己。那些把關注點放在改變方法上的人，他們在讀文章的時候，一定沒有關注過自己讀文章時的感受。他們只是眼睛在讀，心中沒有觸動。沒有觸動，就會等著別人來教他們怎麼改變，好像必須要別人給出一個指導，然後按照指導來，自己像木偶一樣，完全不能自主。

面對這種狀況，該怎麼辦呢？

一、轉變觀念，多覺察一下自己

看別人不順眼時，多注意覺察一下自己：「我為什麼厭惡他？我背後有什麼情感需求沒有被滿足？我期待他能滿足我什麼？我厭惡他的本質是什麼？如果我指責他、抱怨他，我可以改變什麼或者得到什麼？……」

去了解自己這樣做背後的動力，就是自己的情感需求，要看到自己的情感需求，比如想要得到認可，想要得到關注，想要被愛，然後嘗試自我負責、自己滿足，或者去找願意滿足你的人。

二、多跟他人打交道

多跟他人打交道，多關注自己的感受。人越迴避跟他人打交道，越不會跟他人打交道，就越無法疏導自己的心理。

三、多關注自己的感受

關注自己的感受和需求，先滿足自己的感受和需求，白話一點說，就是學會愛自己。

在此基礎上嘗試敢於正向表達自己的感受和需求，發出自己的聲音。

第五章
走出「嬰兒模式」，你的人生更加從容

走出「嬰兒模式」，成為能夠愛自己的人

小李是我的諮商者之一。他看起來身材高大，白白淨淨，是一個外表帥氣的男生。但他諮商的問題卻是自己沒辦法和別人建立起長時間的親密關係。

從中學開始，因為英俊的外表，小李就成了女生們愛慕的對象。上了大學，小李的女友換了一個又一個。當別的男生為自己單身而發愁的時候，小李似乎毫不費力地就能讓女生愛上自己。

但是小李的愛情卻沒有看起來那麼光鮮。他的苦惱在於，沒有辦法和一個女生維持長時間的感情。當衝動的熱戀期過了，他就會對對方產生厭倦。因此每一個曾經接觸過他的女生都會不約而同地評價他為「渣男」。

小李當然也清楚自己「渣男」的壞名聲，但似乎對於他來講，他並不是有意成為「渣男」的。他的問題在於不懂得長久地維持情感關係。

這讓我想起我的一個好朋友小劉。與小李不同的是，她總是會被自己的男朋友提分手，原因都是沒幾個月就會和男朋友發生不可調和的爭吵。而與小李相同的是，她也無法維持長時間的情感關係。她在情感道路上屢戰屢敗，直到發現自己是一枚愛情的棄子。

其實在日常生活中，像小李和小劉這樣的人有很多。我仔細地詢問了他們與人相處的一些細節，而後我發現，小李和小劉他們之所以沒有辦法維持長時間的情感關係，是因為他們根本不懂得如何愛別人，也不知道真正的愛是什麼。

嬰孩之愛和成人之愛

小李和小劉的問題在於他們不知道真正的愛是什麼，他們理解的愛只有被愛。

小李渴望與他相處的女性可以更多地滿足自己，不能讓自己失望。如果有讓小李不滿意的地方，他就認為自己已經失去了對方的愛，就會怒不可遏，於是自然而然地對對方失去好感，便要再去追尋一個對自己有好感的女性。如此，「渣男」的行為就發生了。但是當小李另尋新歡的時候，卻又發現新歡身上的很多缺點。小李沒有容忍的能力，於是再次選擇放棄現有的感情。

小李用不斷地換女朋友來解決問題，說明他在心理上缺乏理解和處理這些問題的能力。他只能透過不停地尋找下一個人來尋求愛，希望存在一個女生可以幫他全然地處理好關係中的所有問題，也就是找到一種沒有問題的關係。毫無疑問，這種關係只會存在於早期的嬰兒和母親的關係裡。

而小劉呢，她告訴我她每次戀愛後，就會想要控制對方的全部，不然她就會覺得對方不愛她。有一次，她的男朋友在招待朋友，但小劉在家裡感到非常無聊，於是要求她的男朋友來陪她。男朋友告訴她，他在陪朋友，沒辦法陪她，讓她自己找朋友玩。小劉聽到男朋友竟然拒絕了自己，一下子怒火中燒，於是直接衝到男朋友家和他理論，責問對方為什麼不陪她，還要和他分手。男朋友覺得她不可理喻，於是就乾脆跟小劉分手了。

這樣的行為在小劉的戀愛經歷中經常出現。因為對方無法忍受小劉的控制，她的每段戀愛都以分手收尾。小劉對於這樣的結局飽受打擊，並且陷入消沉當中。

小李和小劉都在尋找自己的真愛，只是他們尋找的並不是戀人關係，而是一種母嬰關係。也就是說，他們在戀愛中並不是在尋找戀人，而是在尋找一個理想化的母親，這就是他們無法和別人長期相處下去的原因。因為他們在對方身上投射了對理想化媽媽的期待，但毫無疑問，沒有人可以滿足這個理想化的期待和要求，於是關係無法維持。

小李的痛苦在於：「為什麼沒有一個完美的愛人可以讓我甘心駐足？」

小劉的痛苦在於：「為什麼沒有人可以犧牲自己來愛我？」

這是兩個停留在全能自戀期的人，對於任何一點關係中的裂痕和矛盾，他們都沒有能力承受和化解，這意味著他們的情感全然處於對媽媽的依賴和共生狀態中，沒有完全獨立。

而一段長期的親密關係，需要雙方至少有一定的自愛能力。一定的自愛能力意味著兩個人的情感有一定的獨立性，可以去處理和消化自己的需求和對關係的不滿，而不是完全地依賴對方，當存在不滿和矛盾時，不能把這種責任全部推到對方身上去。小李和小劉總認為是戀愛對象的問題導致自己在戀愛中的痛苦，這也意味著他們沒有能力在關係中看到對象的需求，體諒對象的難處，從而在關係中具有包容性。

處在早期嬰兒狀態的孩子，是完全不能理解媽媽也是有需求的，他只會索取自己想要的，索取不到就大哭大叫。

爲什麼有些成年人還在尋找理想化的媽媽

有些人總是在尋找一個理想化的媽媽，對愛有理想化的期待，一方面是因為在現實生活中他們沒有找到真正的愛，也就是一種有現實感和界限感的愛，以至於他們對愛的認識還停留在早期幻想階段；另一方面，還意味著他們的養育者缺少鏡映功能，沒有讓孩子知道自己是誰，讓孩子缺少現實感，也就是孩子作為一個獨立的個體，沒有被真正地看見過。

小李和小劉的原生家庭也很類似，他們都有一個愛控制又溺愛自己的媽媽。從小到大，媽媽對孩子管得很嚴，孩子所有事都要聽她的，同時她又會無限制地滿足孩子。作為孩子的小李和小劉從小只有一個目標：好好學習。其他事情一概不需要他們管，只需要聽媽媽的話。而媽媽似乎也沒有自己的獨立人生目標，一直為了孩子而活。

這是一種嚴重的共生關係，在這種關係裡，媽媽不允許孩子有獨立的意志，孩子無法感知到自我的存在，實際上孩子成了一個滿足媽媽各種需要的工具人，孩子的需求是被忽視的。在一定程度上，這相當於一種寄生的關係。在這樣的關係裡，只有一方的意志是完整存在的，而另一方是附屬對方的工具。

小李和小劉試圖和戀人建立的這種關係，之所以不能長久，是因為沒有人願意為了他們充當這種理想化的媽媽，於是他們只好不斷地放棄與繼續尋找。

在一個人正常的心理發展過程中，嬰兒前六個月是和媽媽共生的，媽媽向孩子提供孩子想要的愛，滿足他的需求。但隨著孩子的成長，這種共生關係會逐漸消失，嬰兒會發現媽媽並不是為自己存在的，她有自己的需求，於是有了「我」和「你」的劃分，也就有了基本的現實感和自我感。然後孩子需要學著照顧自己，在媽媽照顧不了他的時候嘗試愛自己，於是逐漸有了愛自己的能力，也是情感獨立的能力。

而卡在共生關係裡的人沒有生活獨立、情感獨立的能力，自然也意識不到自我的存在，他們內心的自己仍舊停留在這個時期，渴望著全能母親的滿足。

小李和小劉的媽媽雖然很溺愛他們，但是媽媽提供的溺愛本質上不是孩子所需要的，而是母親自己所需要的。這就導致小李和小劉一直把控制別人、滿足自己當作愛。這顯然是對愛的誤解，卻是他們從自己的養育者那裡繼承來的。

擁有自愛能力是進入親密關係的基礎

小李和小劉的共同問題，在於他們情感不獨立，沒有基本的自愛能力，一切都指望別人來滿足自己。如果不建立自愛能力，他們就只能陷入無限的「尋找—失望—繼續尋找」的循環中，無法在一段關係中穩定下來。

這裡我提供兩個建議：

一、打破幻想，走入真實

小李和小劉無法建立自愛能力，是因為他們的內心始終有一個幻想，那就是自己會找到那個理想化的愛人，只要找到那個人，一切問題就都不存在了。所以他們只有真正意識到這個事實：根本不存在這樣一個人，他們才能發展自己的自愛能力。

一個人只有在一點點地學會照顧自己的過程中，才能堅實地扎進這個世界，生根發芽，對愛的理解也才會越來越理性、越真實。

只有意識到自己的局限和需求，我們才能接納別人的缺點和需求；只有意識到自己的不完美，我們才能容納別人的不完美；只有清楚自己需要什麼，我們才能看見別人需要什麼。成年人的親密關係也是人際關係的一種，是一種交換和滿足彼此需求的過程，如果需求長時間得不到滿足，必然會出問題。

二、任何一段關係都需要雙方適當地妥協和放棄

完美的關係只存在於想像中，就像完美的人不存在於現實中一樣。

小李在不停換女朋友的過程中發現，所有的女孩都會有缺點，所有的關係都會有矛盾。小劉在不斷分手的過程中發現，沒有人會像想像中那樣愛自己，沒有人可以為了戀人徹底犧牲自我。

我們一定要適當降低對戀人的期待，這樣雙方的關係才不會太累，如果對方做了什麼令你滿足的事，你的幸福感知度也會提升。

不肯放棄、不肯妥協是不肯走入現實的表現。不肯接受現實的局限和不完美，當然可以幫助維持幻想中的理想化，但理想化永遠都是理想化，一碰到現實它就碎了，因此它只能在虛無縹緲中存在。

想要維持一段長久的親密關係一定是要互相磨合、互相接納的。不是沒有人愛你，而是這個世界上沒有完全符合我們預期的人，任何關係都需要雙方共同經營和改變，適當地妥協和放棄。

✿勇敢地看清他人的愛是有限的

我身邊有一些朋友，一進入戀愛關係中就彷彿變了一個人。比如有的人平時理性過人，一談戀愛就開始患得患失、焦慮恐懼、整夜失眠；有的人平時溫柔靦腆、知性大方，一談戀愛卻變得像鬥士一樣，分手、絕交、挽回、罵人、求饒……完全進入「瘋狂」的狀態；有的人甚至在分手時會以跳樓、割腕等方式相威脅。

其實，戀愛中的「瘋狂」可能很多人都經歷過。我在二十歲出頭的時候，也異乎尋常地迷戀各種轟轟烈烈的愛情，每天都嚮往歌詞裡的戀愛：「你是我溫暖的手套，冰冷的啤酒，帶著陽光味道的襯衫，日復一日的夢想。」

戀愛這件事之所以讓人瘋狂和困惑，在於它是一件與我們心底的渴望和曾經受過的創傷深度關聯的事情，也是一種可以修復我們童年時期與父母關係中的遺憾的重要途徑。畢竟，親密的人和事關乎我們心裡最深處的愛恨。對年輕人來說，戀人是除了親人之外，與我們的生命連結最緊密的個體。

所以戀愛中的不穩定在很大程度上反映了心理自我發展的不穩定，戀愛中表現出的模樣也反映著我們個體發展的穩固程度。有的人自我本來就沒有內聚成核[8]，一旦在戀愛中受到傷害，就更加容易體會到心靈的破碎及內心的絕望。這導致潛意識的創傷容易被誘發出來，造成巨大的痛苦。

戀愛這件事，相戀起來甜如蜜，爭吵起來如地獄。如果我們一味沉浸其中，被戀愛操控，那麼可能會永遠無法自拔，對於感情無可奈何，失去掌控感。從成長的角度來說，戀愛是一個很重要的成長期，親密關係能映照出我們內心的渴

8 內聚成核：內聚表示內部間聚集、關聯的程度，成核是水蒸氣凝聚成液滴的過程，文中意思指內心處於獨立而堅強的狀態，形成一個穩固的整體。

望、創傷、缺失和恐懼。如果能從成長的角度來戀愛的話，你會獲得一次很好的自我成長的機會。

所以每次我跟因為戀愛困擾而前來諮商的人說得最多的話是：「把精力收回放到你自己身上，真誠地問問自己，在這段關係中令自己覺得有意義的是什麼，自己難以接受的是什麼，自己想要怎樣的良好關係。」

處在戀愛中的人把精力放在自己身上何其難，因為大多數戀愛中的人都進入了程度不一的幻想之中：「我的幸福依賴於對方來滿足。」正是因為這種幻想，戀愛才如此讓人迷戀，但也正是由於這種幻想，親密關係又如此讓人感到痛苦。再次體驗被愛，再次退行到做孩子的感覺，再次依賴別人來實現自己的幸福，這是親密關係的誘人之處。

為什麼多數三十多歲的人看到「你是我溫暖的手套，冰冷的啤酒，帶著陽光味道的襯衫，日復一日的夢想」這種歌詞只會淡然一笑？這是因為他們在成長中經歷了太多，已經明白，愛情固然美好，但這世上並沒有十全十美的戀人，保持良好的親密關係要用心經營，關鍵是要懂得在愛別人之前，要學會先愛自己。把精力放到自己身上，認真思考自己想要什麼樣的人生，如此一來，才能從戀愛中的「瘋狂」轉變成穩定的狀態，在一段關係中獲得幸福感和穩定踏實。

穩定的前提是不再把對方理想化，也不再貶低自己，從依賴幻想的關係轉變成既親密又獨立的關係。

爲什麼有的人一戀愛就進入「瘋狂」狀態

一戀愛就進入「瘋狂」狀態，可能意味著早年的我們跟父母有很多感情債沒有終結。很多潛伏的愛恨情仇此時有了「翻身」的機會，所以會一股腦地投射到愛人身上。這時，內心匱乏且很少得到愛的人，就會開啟瘋狂索愛模式；內心壓抑著太多憤怒仇恨的人，就會開啟情感虐待的模式；而在父母嚴苛管教中成長的人，很容易在戀愛中成為爭吵與矛盾的製造者……這些人的相同點在於，他們看不見真實的對方，戀愛只是他們情感上的一種宣洩和索取，無一例外。

很多人的戀愛看上去是戀愛，其實只是一個人的獨角戲，只是一個人過往劇情的呈現。那些戀愛後進入「瘋狂」狀態的人往往意味著他們內心埋藏著較大的愛恨情仇需要被化解。

我的一位諮商者茉莉是個非常優秀的女性，但她每次都很輕易就投身戀愛中，日常相處時總是會陷入連環追問對方的循環中：「你到底愛不愛我」、「你到底什麼時候會娶我」……在戀愛關係中，茉莉糾結最多的就是「他愛不愛我」。當她覺得對方不愛自己的時候，就會用很難聽的話狠狠地罵對方，或者在社交媒體中封鎖或刪除對方。但是她每每這麼做之後，又會想起對方的好，然後去挽回。情感關係就這樣反反覆覆。

很明顯，茉莉是一個非常缺愛的人，她急切地渴望被愛，就像魚需要水。因為這種對愛的匱乏與急切的渴望，讓她在交往初期很難冷靜理智地判斷對方是怎樣的人，到底適不適合自己。她總把對方理想化成完美愛人，然後陷入愛河。

但現實中的關係還未來得及推進到那種程度，因為親密關係往往是循序漸進的，所以一段時間後，茉莉就會痛苦地發現，對方好像並沒有她想像中的那麼完美，也沒有那麼愛她。她就會很生氣，指責對方為什麼不夠愛她，變成一個戀愛中的憤怒者。

茉莉在憤怒又缺愛的「小孩」和卑微又討愛的「小孩」之間來回切換，恰恰源自她潛意識中童年時期壓抑的情感。

茉莉在父母不斷地爭吵中長大。家裡人的關係很冷淡，很少有人在乎她的感受。除了因為學習成績好而獲得的一點關注外，茉莉就很難再得到父母其他情感方面的照顧。父母的責罵讓茉莉感到自卑與膽怯，更別說自信了。

其實每個孩子都很愛父母，也渴望被父母愛，但是茉莉從小體會到的是父母的忽視與不在意。茉莉的內心壓抑著太多對父母的憤怒和對愛的渴望。對童年的茉莉來說，愛是一種遙遠的東西，她從來沒有得到過，她是一個在情感上異常缺乏的小孩。

在諮商室裡，我們常常會看到，那些在情感上異常缺乏的人，他們心中的自己衣衫襤褸、灰頭土臉，樣子像是可憐的流浪小孩。這樣的人不論外表怎樣光鮮亮麗，他們感受到的愛都是極度匱乏的。

匱乏是導致過於理想化的重要原因。因為未得到，所以他們會把愛或者某個人理想化，覺得他高高在上，珍貴且完美。在他面前，他們常常會過於貶低自己，變成一個卑微的討愛者。

不自信的背後運行著這樣的邏輯：「我覺得自己配不上。」所以茉莉在關係中一再重複地問「你到底愛不愛我」，實際上是在試圖解決她童年留下的困惑：「我到底值不值得被愛，我是一個好孩子嗎？」如果一個人具備自愛的能力，他不會糾結於對方愛不愛自己這個問題，他能夠比較容易地判斷出對方愛不愛他。因為不知道真正的愛是什麼樣子，所以才會不停地糾結，希望對方證明給自己看。

還有，很多時候，誤解是源自我們每個人對愛的理解和需求不一樣。比如我所表達的「我愛你」，和你所表達的「你愛我」，雙方都打著愛的名義，但各自對愛的定義、對方需要什麼樣的愛、自己需要什麼樣的愛並不相同，甚至有時並不知曉。

那麼，要完成哪些成長，才能享受穩妥的戀愛呢？親密關係最能映照出我們內心深處的渴望和創傷。這是一個自我成長、自我療癒的好時機。如果我們學會朝內看，我們就可以借助這種關係獲得巨大的成長。

我們需要經歷戀愛中的傷心與絕望，讓自己完成向內的成長，減少對他人的幻想。只有這樣，才能變得越來越穩，從而更好地處理親密關係。雖然聽上去非常殘酷，但是成長的代價就是意味著喪失，喪失對過往的幻想，換來成熟的自由。

一個人在戀愛中要完成以下幾種成長：

一、理想化的破滅

像茉莉，每次一開始戀愛就把對方理想化，覺得對方帶著光環，是個完美的戀人。但把對方理想化往往意味著對自己的不滿。就像張愛玲這樣：「見了他，她變得很低很低，低到塵埃裡，但她心裡是歡喜的，從塵埃裡開出花來。」

如果我們總是把對方理想化，覺得對方非常完美，那我們就要反觀自己是不是有些自卑，看不起自己，甚至有時候會貶低自己。這種抬高對方、看低自己的戀愛關係是不健康的，終有一天會激發矛盾，關係破裂。

所以，我們只有看見對方真實的樣子，不完美的也好，有缺點的也好，這樣才能更好地處理親密關係。

二、分化與獨立

人在戀愛的時候，會本能地追求那種融合的關係，希望兩個人親密得如同一個人，認為這樣可以解決很多問題，比如孤獨的問題、情緒的問題、日常生活的問題等。這種融合的吸引力和誘惑力在於——這裡有一個機會，可以重回媽媽的懷抱，能重新被照顧、被溫暖，像嬰兒一樣無憂無慮地生活。

很多融合性的需求沒有被滿足、分離個體化沒有完成的個體會在親密關係中繼續尋找這種融合性的愛，他們致力於改造對方來愛自己，強迫對方來愛自己。茉莉就是這種人。在戀愛關係中，茉莉分不清楚哪些是自己的需求，哪些是男友的需求。

事實上，愛不是一個概念，而是一種具體的關係。每個人對愛的需求是不一樣的，有的人需要的愛是如母愛一樣的包容；有的人尋求的愛是渴望被理解；有的人是覺得為我花錢，讓我有依靠才是愛我；有的人則是為了滿足自己有另一半的需求。

看見別人的需求，看見他需要怎樣的愛；看見自己的需求，看見自己需要什麼樣的愛。看見對方具備什麼樣的能力，能不能給自己這樣的愛；看見自己有沒有這樣的能力，給予對方他想要的愛。如此，相互滿足，大家才能都體驗到愛。

比如，茉莉希望對方愛自己，對自己言聽計從，隨叫隨到，但她意識不到這是自己的需求，需要自己承擔責任，而是一味地覺得男友就應該這麼做。當男友沒有做到的時候，她就會指責對方、埋怨對方，甚至傷害對方，覺得對方欺騙了自己、辜負了自己。

當我們渴望對方用我們想要的方式來愛自己，但對方做不到的時候，我們會感到失落和傷心。其實這並不是件非常糟糕的事，跟這些失落和傷心待在一起，接納並面對它們，能有效地幫助我們看到並了解這份關係到底是怎樣的。這樣有利於我們從過於親密的情感關係中分化出來，找到真實的、獨立的自我。當你開始注意到自己的情感需求、自己的情緒變化後，才會更好地處理親密關係。這樣我們才能夠走出當前的情感困境。

分化意味著情感的獨立，意味著學會了愛自己，而不是一味幻想著別人來愛自己。不要怕會失望、傷心，哭一會兒，難受一會兒，這樣才能繼續成長。

三、他人的愛是有限的

分化和獨立之後產生的結果就是距離和界限。這意味著雖然我們相愛，親密無間，但仍然是獨立的個體。即便有一些融合的部分，但最終關係的本質是兩個獨立的人的相處。

距離和界限意味著空間，意味著一個人要了解另一個人的需求、局限、性格、三觀。簡而言之，你要知道有哪些東西你能從對方身上得到，哪些東西你得不到；哪些優點你可以從對方身上學到，哪些缺點要改正。了解你的伴侶有什麼、沒有什麼非常重要。你不能向他要他本來就沒有的東西。選擇一個伴侶，就是要互相接納、互相包容、互相促進對方成長。沒有全能的伴侶。因此你不能把自己的幸福完全寄託在另一個人身上，那是不現實的。

我們需要在愛裡付出這些代價，一步步地學會成長。真正美好的愛情並不是王子和公主最終幸福地生活在一起，而是公主和王子各自都變成了更優秀、更強大的人，找到了讓自己變得幸福的方法，學會了給自己的心安一個家。

幸福是一種能力，這個能力主要依靠自己。而戀人，不過是一面讓我們看清自己的鏡子。

真正的安全感，要靠自己掌控

近幾年，隨著對獨立女性話題的討論，女性的地位得到了一定的提升。同時，我們也看到了另一種趨勢：對婚戀與愛情的絕望。有時甚至能看到「珍愛生命，遠離男人」這樣的告誡。這大概可以慰藉很多在情場上失意的人，也讓很多在婚姻或者家庭裡遭遇迷茫、受到傷害的人感到安慰。但同時我們也應該看到，這並不是一種真正的獨立，而是一種外強中乾的感覺，其中包含著無奈和心酸，還有濃濃的悲涼。

因為得不到愛或者處理不了感情裡的衝突和矛盾，而選擇獨身；因為不敢依賴別人或者曾在戀愛或婚姻中受過傷，而選擇自我封閉；因為對別人感到失望，索性不再有期待……。

這種硬撐的獨立，我們姑且叫作「假性獨立」。深陷其中的人，很容易變成工作狂。因為他們的身後空無一人，缺少可以依賴的關係和無條件的支持，唯有不斷地在工作中尋找自己的存在價值。因為缺乏他人的支援，他們遇到問題時更容易焦慮和憂鬱，也更容易緊繃不安。這很明顯會影響一個人的生活品質。

為什麼會陷入這種絕望呢？依賴是人的一種本能，但是在成長過程中，如果依賴的體驗非常糟糕的話，就會極大地影響到我們在關係裡的依賴能力。從而導致我們締結不了高品質的關係，也很難享受一段深入的親密關係。

小張是以上所說人群的一個縮影。她是一位事業非常成功的女性，看上去非常光鮮亮麗，但她在建立親密關係方面有嚴重的恐懼和障礙。這些年她一直努力工作，讓自己看上去非常獨立和成功，但背後的落寞和孤獨只有她自己知道。

在聊天中我發現，小張幾乎從小就沒有完全依賴過誰。

在她早年的家庭裡，爸爸處在一種游離和缺席的狀態，媽媽和她處在一種緊張的高控制關係裡。她從小到大要滿足媽媽提出的各種要求，為了讓媽媽高興而存在，就像個工具一樣。即便這樣，媽媽依然對她不滿意，動不動就說因為她的各種不好，才導致媽媽生氣、活得不開心。

小張從未享受過其他小孩都有的可以依賴的感覺。在小張遇到困難、需要支持的時候，媽媽還會很生氣，氣她不夠完美，氣她無能，氣她不夠堅強，讓媽媽操心。在小張需要依賴的時候，她看到的永遠是媽媽嫌棄、厭惡、充滿嘲諷和指責的臉。

小張長大後，發現自己根本無法跟別人建立親密關係，她害怕別人也會像媽媽一樣對待她。每當她喜歡上別人，這種可怕的恐懼感就會浮現，讓她落荒而逃。

還有很多與小張類似的朋友。他們雖然不像小張這麼極端，但他們建立的親密關係也只是浮於表面，無法用真心深入交流，或者因為不知道怎麼依賴對方，誤以為索取便是依賴，最終導致關係破裂，經歷了傷心、失望後，強迫自己進入獨立的狀態。

這背後都藏著深深的依戀創傷。早年的依戀創傷，會造成以下三種後果，從而導致我們不敢依賴別人：

一、不相信自己值得被愛

對別人的不信任，其實是源於對自己的不信任。他們不相信自己值得被愛，不相信會有人真的愛自己，並且總認為別人是因為一些外在的東西，才選擇和自己在一起的。比如因為自己有利用價值、願意付出，或者自己漂亮、有錢等等。他們認為，如果自己喪失了這些外在的東西，那麼他人也會撤回對自己的愛。

所以他們要努力維持這些外在的東西，並且特別害怕失去自己的價值。正如早年跟父母的關係那樣：「我要對父母有用，這樣他們才會愛我，才不會拋棄我。」

這也會導致一種現象，不敢依賴別人的人，往往對變得優秀有很強的執念。只有在事業上或者生活中表現得非常厲害，他們才能安心。

二、不相信別人值得信賴

有的人早年在依賴方面遭遇過創傷，即便結了婚，有了孩子，依然不能放心地依賴伴侶，也不會跟伴侶分享自己內心的脆弱。很多人害怕自己傾訴過多，會讓對方厭煩，讓對方有壓力，讓對方離開自己。

於是他們總是處在一種小心翼翼、壓抑自己的狀態。就像早年跟父母的關係那樣，要小心翼翼地看父母臉色，不敢惹他們厭煩，如此才能不被父母嫌棄。

還有的人會選擇那些不值得信賴、沒有承諾能力的人做伴侶。因為本來就不相信有人值得依賴，所以不如直接選擇一個在其他方面好一點的人。

三、對需要別人感到羞恥

需要別人是人類的本能，但是在依戀方面遭遇過創傷的人，往往對需要別人有強烈的羞恥感。因為在過往的經歷裡，每當他們需要別人的時候，得到的總是嘲諷和拒絕。這極大地傷害了他們的自尊，讓他們覺得自己很惹人嫌，覺得「需要別人」好像變得低人一等。為了避免這種羞恥感，他們會強迫自己不去依賴別人，寧可依賴食物、酒精，甚至遊戲。

許多人下班一回家，就用吃東西、打遊戲、看電視、玩手機來打發時間。這樣雖然孤獨，但很安心和放鬆，不用怕自己的需求被拒絕，也不用小心翼翼地去維護和別人的關係。

當然，還有人會用反向的方式表達需求，通常表現為指責對方。他們無法說出「我需要你」或「我想依賴你」，反而會用「為什麼你總是不重視我」或「你不懂我」的方式來指責對方，透過這種行為引起對方的注意和反思，避免主動提出需求帶來的拒絕和羞恥，但同時也傷害了兩人之間的關係。

那麼，如何才能走出「假性獨立」的泥沼呢？我們需要意識到以下這幾點：

一、正視依賴的需要，才會真的獨立

依賴是人的本能，並不可恥。要意識到，是早年的養育者讓我們覺得人不可

信任，是他們在我們需要依賴的時候，推開、嫌棄和厭惡我們，以至於長大後我們害怕對別人產生依賴。真正的獨立，絕不是壓抑依賴的本能。而是意識到自己擁有依賴的渴望，然後選擇值得依賴的人，滿足自己的依賴心理，讓自己成為一個更完整、更真實的個體。

這的確不容易。或許你需要抱著自己大哭一場，這些年來你很辛苦，承受了太多的孤獨；或許你需要更坦誠地說出你的恐懼，看到自己的內在小孩，他是怎樣的孤立無援；或許你需要給內在小孩更多的關注和溫暖，因為這一直是他渴望從媽媽那裡得到但從未得到的；或許你可以試著去依賴別人，重新體驗一段可靠的依賴關係，獲得缺失的體驗。

唯有讓內心的冰融化，慢慢恢復依賴的能力，才能走向真正的獨立和圓滿。

二、把動情作為一種冒險

因為以往的依戀創傷，我們會禁止自己動感情。即便動感情也會深深地壓抑感情，因為我們害怕之前的傷害會再次重演。同時，我們又很容易把想依賴的對象投射成當年嫌棄我們的父母。

此時，我們需要看到，我們早已不是當年那個小孩了。當年的小孩孤獨無依，但現在他已經是大人了，可以保護和照顧自己，可以承受這種冒險的後果。

說到底，愛是勇敢者的勳章。不敢愛也不敢恨的行為，雖然會讓人感到安全，但也會喪失很多做人的體驗和樂趣。嘗試對那些讓你有感覺的人動情，這對以往有依戀創傷的人來說確實不容易，但也是很好的修復機會。

你可以尋找可靠的朋友或心理諮商師作為陪伴者，嘗試再次一點點打開心扉。只有擁有打開心扉的勇氣，我們才能重新擁有可以依賴的親密關係，重新相信自己值得被愛。在這個過程中，我們也會變得強大、有力量。

三、真正的安全感是在自己手裡的

依賴他人，不代表把安全感交給別人。如果我們把安全感交給別人，我們就永遠難以獲得真正的安全感。

依賴的前提，不是讓別人表現得值得信任，給我們承諾，而是我們選擇了信任自己，選擇了自我負責，選擇了給自己一個機會，同時在嘗試的過程中，做自己的堅實靠山。

依賴別人的確有風險，容易讓我們失控。如果不正視這些失控，我們就會陷入越來越深的自我保護的防禦中。當我們能自我負責、自我承擔，能正視恐懼並承擔相應的後果時，我們才是真正的獨立，才是有了真正的安全感。

我們可以做一些嘗試。這些嘗試可能會失敗，可能需要自我療癒。但是只要有一次成功了，或許我們就能夠被治癒了。這非常值得，因為逃避親密和主動依賴，完全是兩個世界。

到時候或許你會感謝自己：「親愛的，是你的勇敢為自己獲得了愛。」到那時，你會知道，真正的獨立，是如此舒展、踏實、自在和有愛。

✿如何排解「吃醋」這種情緒

「男人都是花心的」

鹿蕁是個斯斯文文的女性，長得眉清目秀，說話輕聲細語，有我見猶憐之態，讓人一看就有想要呵護的欲望。我想鹿蕁一定很討男生喜歡。可是沒想到她的戀愛並不順利。

「我覺得男人都是花心的，為什麼我碰不到好男人？」

「我現在對婚姻充滿恐懼，覺得等不到自己喜歡的人了。」

「我想找個對我專一的人。」

「我感覺每次跟我交往的男朋友都不是真心的，都很花心。」

經過一番溝通，我了解到鹿蕁談過幾段戀愛，但她覺得每一任男朋友都很「花心」，而這些「花心」的男生帶給她不少傷害。一旦發現男友「花心」的跡象，鹿蕁就開始不停地「鬧」。

鹿蕁和男友之間發生的衝突幾乎都是因為男友與其他異性往來，有時是女同事，有時是女客戶，有時甚至是女服務生。每次男友都告訴她，跟其他異性往來是因為工作，不是其他個人私交，但鹿蕁很難相信。為了確認男友的話是不是真的，她曾多次試探男友，比如把男友和女客戶合影的照片刪掉，觀察男友的反應；比如在男友和漂亮女同事出差時也要跟隨；比如要求男友發誓與其他女性朋友劃清界線，減少聯絡。

鹿蕁的前男友們都認為鹿蕁是個乖巧的好女孩，但她整天疑神疑鬼、爭風吃醋的樣子令他們無法忍受。鹿蕁在其他方面都表現得很優秀，是個模範女友，唯獨在男友與其他異性日常交往這方面，有著過度的敏感和神經質。相處時間久了，鹿蕁的男友們一個個都忍受不了她的「作」，紛紛提出分手。

就這樣，鹿蕁變成了一個總是被「拋棄」的人，這讓原本就安全感不足的她如同一隻焦躁不安的小鳥。鹿蕁一邊講述自己的過往，一邊淚流滿面，似乎更加印證了自己淒慘的命運。對於她來說，要開始戀愛很容易，但是擁有有始有終的戀愛卻很難。

「媽媽的眼睛總是看向別人」

在溝通的過程中，當問到她為什麼總是在親密關係中這麼在乎男友跟其他異性接觸時，鹿蕁突然哭了起來。

「因為害怕自己不夠好，沒有價值。」

「總是害怕比不過別的女人。」

「因為小時候媽媽總是不喜歡我，她總是喜歡別的小朋友，怪我沒有別人好。媽媽喜歡活潑大方的女生，但我不是，因此她總是嫌棄我。」

「在我的記憶裡，我從來沒有覺得媽媽跟我在一起時是真心快樂的，她總是對我不滿意。我覺得媽媽根本不愛我，她只是被迫擁有了我這樣一個孩子。」

「很多次我都在想，如果她知道我是一個這樣的人，她一定不會讓我出生。」

「我的父母從來都不表揚我，媽媽的眼睛總是看向別人。」

我發現鹿尊並不是特例，有類似童年經歷的人很多。

有過這種童年經歷的女性，通常都會面臨一個問題：在親密關係中極度缺乏安全感。

要麼過度「爭風吃醋」，要麼不敢戀愛

另一個來訪者小梅，也是一個很容易「爭風吃醋」的女生。與鹿蕁不同的是，小梅的「爭風吃醋」屬於主動型行為，而且她的「爭風吃醋」不僅限於戀愛關係。因為得到上司的「偏愛」，小梅曾不只一次陷入與同事的紛爭中。

不管是男上司還是女上司，似乎都對小梅特別關照，但這種關照的結果，就是讓小梅陷入同事們對她的排擠中。小梅所到之處，人際關係總是容易失衡。雖然小梅看起來深受「偏愛」之苦，但其實這種「偏愛」正是小梅所追求的。

小梅出生在一個不受父母重視的家庭中，不僅不受重視，而且父母經常會嫌棄她、責罵她、苛責她。她還是個小女孩的時候，就成為父母下班回來隨意發洩情緒的對象。媽媽總是嫌她不如別人，似乎別人家的女兒都比她好。上大學之前的小梅，是一個極度自卑和充滿羞恥感的女孩。而大學終於讓她遠離了這個家。「永遠都不要再過那樣的生活了。」小梅對自己說。

為了掩飾自己內心的脆弱，不自覺地，小梅戴上了一副驕傲的面具。因為一些原因，這個面具一度很成功，它為小梅帶來了關注、愛慕和吹捧。最終小梅成為一個個性特別張揚的人，在人群中具有鮮明的標識，很多人都說小梅是一個特別的人，因此格外偏愛她。

「偏愛」一直是小梅所追求的目標。小梅靠著「偏愛」，把一個個潛在競爭者都比了下去，但這樣的小梅還是無法得到真愛。她無法跟任何一個男人有親密接觸。

在親密關係方面，她甚至還不如鹿蕁。戀愛中爭風吃醋的殺傷力遠比工作中爭風吃醋的殺傷力還要大，為了避免自己受到傷害，小梅總是拒絕自己去談戀愛。

內在潛意識與外部現實

據說缺乏安全感是女人最大的「婦科病」，這跟社會和生理的因素息息相關。嚴重缺乏安全感的人，可能有著自卑的潛意識。這些人對於自身的價值評價極低，因此內心存在著這樣的假設：「不會有人愛我的」、「我不值得被別人愛」。

如果一個人內心有著自己不值得被愛的潛意識，那麼不管他表面看起來多麼驕傲，他都不會百分百地信任別人會愛自己。他會尋找各種蛛絲馬跡，以此來驗證對方到底是不是真的愛自己，一旦對方忍受不了，厭煩了，最終離開了自己，他就會得出一個結論：看吧，沒有人真的愛我，我不值得被愛。所以很多真愛就這樣在自己的執著中錯過了。當我們總是反覆懷疑一個人是否愛自己，反覆設下各種難關考驗對方，總是想讓對方做出很多補償性行為的時候，親密關係就會被搞得疲憊不堪。

當我們要求對方證明愛的時候，我們從來看不到對方的需求。親密關係是兩個人的事情，並不存在一方拋棄另一方。自卑的人會把自己套入受害者的角色裡，賦予另一個人拋棄自己的權力。

這樣的故事之所以是命中註定的悲劇，在於我們一直追求的不過是鏡花水月般的幻想。當我們幼小又無助的時候，為自己編織了一個足夠真切的幻想，憧憬我們長大後一定會過上這樣的生活，總會有一個人給予我們那些曾經缺失的東西。

缺乏安全感的人應該如何做

缺乏安全感的人最重要的是要學會一種能力：信任。生活中有的人能信任別人，有的人不能。一個人之所以能信任別人，是因為他信任自己，信任自己有價值，信任自己值得被愛，同時也願意為自己的信任承擔責任。

沒有這種信任能力的人會陷入懷疑裡，他們需要很多外在的證明來消除自己內心對於安全感的不安。一個自身沒有安全感的人會不停地向外索取，這樣的索取會讓整個關係變得沒有彈性。本來安全感應當是由家庭提供的，但是往往這些人的家庭不但不是心靈的庇護所，還是產生傷害的地方。

當我們內心存在「自己不值得被愛」這種想法的時候，要嘗試去淡忘它，要對自己的價值有信心。爭風吃醋並不能為我們帶來好的結果。同樣地，想要讓別人對我們不離不棄，首先我們要學會對自己不離不棄。停下來思考一下，看看自己的潛意識中是不是有不值得被愛的想法。正是因為這種想法，自己在現實中才會陷入困境。

如果你遇到了一個缺乏安全感的人，請務必保持耐心。如果實在無法透過溝通和自我調適改變雙方的關係，那就盡快讓他去看心理醫生。

雖然我們每個人都是獨立的個體，但只要在社會中生活，就會處在各種關係中：夫妻關係、戀愛關係、親子關係、同事關係、上下級關係、親戚關係……各種關係的處理能力會深切地影響到每個人的幸福感和存在感。良好的關係會為我們帶來歸屬感、滿足感和幸福感，糟糕的關係則會影響我們每日的心情以及生活的品質。

處理關係的能力建立在對自己和他人正確、成熟的認識之上，但在長期的生活中，很多人出於原生家庭、成長經驗的原因，在認識自己和認識他人方面缺乏良好的引導，沒有發展出足夠成熟的心智和健康的人格，導致他們進入社會後，在與他人互動時遭遇大量的人際關係問題。這些不良的人際關係會讓當事人內心整日處於一種內耗狀態，有的人甚至內耗一輩子都無法解決。

✿關注並改變自己，建構融洽的親子關係

「我的孩子讓我頭疼」

很多爸爸媽媽總是在擔心自己的孩子。我認識一個離異的母親獨自撫養女兒。她告訴我她整天為女兒的事情而焦慮。

「你說她在班上也不跟小朋友交往，日後怎麼在社會上生存啊？」

「你說她都這麼大了，也沒有自己的規劃，不會為自己著想，該怎麼辦啊？」

「她現在天天就知道躲在自己的房間裡，也不愛見人，也不愛寫作業，升學哪

有指望啊？」

她的女兒只有十一歲，而這位媽媽卻愁容滿面。在她滔滔不絕的講述中，有好幾次我試圖表達自己的觀點，卻發現根本插不上話。哪怕她的話被我打斷了，她也會告訴我：「你不是我，你不會理解我的心情的。」我覺得我一直被她擋在自己的心靈之外。她並不信任我，也不願意接納我，只是想讓我幫助她解決自己棘手的問題。

我覺察到自己很難與她溝通，同時我也感覺到她似乎總是想要掌控整個溝通過程。此時此刻的我一下子就理解了她女兒的感受。她的女兒每天都要體會被別人扼住咽喉的窒息感。雖然這位媽媽一直在說話，卻沒有真正與女兒溝通過。她一直沉浸在自己的內心世界裡，希望別人幫助她解決問題，而解決問題的方式卻是要按照她的意志去做。因此，她的女兒變得膽怯、易怒和叛逆，也是情理之中的事情。

這種父母總是在擔心自己的孩子，認為自己為孩子全力付出，認為自己很偉大，甚至會為自己的所作所為而感動。在我看來，這是顛倒型的母子關係。

擔心、焦慮的背後是安全感和信任感的缺失

這種父母，早在孩子出生以前，他們的擔心和焦慮就已經存在。他們會擔心工作做不好、擔心事情搞砸，抑或擔心別人不喜歡自己。只不過有了孩子之後，這些人會把這種擔心和焦慮投射到自己的孩子身上。

擔心、焦慮的背後是安全感和信任感的缺失。在心理發展上，安全和信任的能力是嬰兒最早需要發展的能力。根據艾瑞克森[9]的心理社會發展理論[10]，人生

9 艾瑞克森：愛利克・艾瑞克森（Erik Erikson，1902—1994），美國精神病學家、發展心理學家和精神分析家。

10 心理社會發展理論（Erikson's stages of psychosocial development）：艾瑞克森把心理的發展劃分為八個階段，指出每一階段的特殊心理任務，並認為每一階段都有一個特殊矛盾，矛盾的順利解決是人格健康發展的前提。

第一個發展階段的主要任務是建立信任感與克服不信任感；如果在前兩年的時間裡，嬰兒沒有得到足夠好的養育，就會影響信任感和安全感的建立。

足夠好的養育意味著此階段要盡量對嬰兒的需求及時回應，因為此時嬰兒不會說話，很多的滿足感都是透過媽媽的肢體回應確立的，比如及時餵奶，給予愛撫和有規律的照顧。這就要求媽媽以嬰兒為中心，對嬰兒發出的訊息敏感。得到回應的嬰兒會對世界建立起基本的信任感和安全感。這意味著「我」發出的訊息被這個世界接收了，而且它滿足了「我」。這個世界是善意的，是充滿希望的。

因此，那些沒有得到及時回應的嬰兒就會陷入深深的恐懼和無助中，甚至會引起他們內心極大的不安全感和焦慮感。就像前文中提到的媽媽，她的所作所為其實在一定程度上與嬰兒的需求無異。一個安全感嚴重不足的人，會迫切地抓住一切機會，比如自己的親人，來滿足自己的需求。

這位單身媽媽之所以離婚，也是因為她用同樣的方式來對待她的另一半，而對方無法忍受這種過度控制的關係。她離婚後，她的女兒便成了她唯一的救命稻草。

焦慮往往是父母造成的，而不是孩子

焦慮、擔心是一種人格特質，其背後暗藏著安全感和信任感的缺失，而這源於一個人童年時期的成長環境。如果你總是不停地在擔心自己的孩子，那麼以下建議可能適合你。

一、你要意識到亟需解決問題的人應該是你自己，而不是伴侶和孩子

並不是伴侶和孩子有多差勁引起了你的擔心和焦慮，而是因為你本身沒有安全感和信任感，所以你總是會從周圍的人身上看到一些讓你沒有安全感和信任感的部分。

伴侶和孩子都有他們自己的生活，他們是獨立的個體，並不是完全屬於你。他們有自己的意志，而不是要按照你的意志生活著。

你認為怎麼樣會好，達到一種什麼樣的要求會好，僅僅是你的想法，不要把你

的想法當成真理，強迫別人遵從或達到。

二、關注你自己，而不是老盯著別人

處在極度焦慮、擔心狀態的人很容易跟自己的孩子建立共生關係，或者說本質上因為他們的心理發展還沒走出共生期，所以他們沒有自己，總是把自己和別人綁在一起，需要控制別人來滿足自己。控制別人的好處就是不用面對自己的問題，只需要強迫對方滿足自己的訴求就好了，這是一種「情感吸血鬼」的表現。

要知道，當你打著為別人好的旗號宣洩自己的情緒時，你不是在為對方好，你只是想進行情感「吸血」。之所以想「吸血」，是因為你自己無法在情感上「自我造血」。

所以，要真誠地面對自己內心的焦慮和擔心。你可以把這些負面情緒向周圍的人表達出來，但是不要把原因歸於別人的身上。

三、過度擔心會破壞孩子的安全感和信任感

當我們把擔心、焦慮投射到別人身上的時候，就是在進行一種負面的催眠，在對方心裡植入一顆負面的種子。那麼，對方的心理世界也會嚴重受到你的影響。前文中的女兒面對自己母親的斥責與嘮叨，原本正常的思維觀念勢必會變得扭曲。長時間下去，誰又能說清楚這個孩子會不會成長為自己媽媽的樣子呢？本來對於孩子來講，母親應該像一個容器一樣，包容自己所有的快樂與悲傷。可是那位單身母親不但沒有做女兒的容器，反而還讓女兒來滿足自己的所有需求。

我的另一個朋友跟我說，他每次遇到問題都不敢跟自己的媽媽講，因為他的媽媽不但不會幫助他冷靜思考如何解決問題，反而還會在他身上製造更多的焦慮。久而久之，我的朋友便不再和自己的母親溝通交流了，遇到問題也總是消沉。

四、信任不是邏輯推斷出來的，它是一種選擇

很多信任感缺失的人都有很強的邏輯推理能力和思維能力。信任感從本質上

來說與邏輯思維無關，它是一個選擇問題。就像我們信任生活不會虧待我們，信任社會是向善的，這些結論並不是透過邏輯思考得出來的，而是深存於部分人內心的。

我們跟人聊天，會發現有些人總會相信事情會變好、變順利，但卻說不出支持的理由來。這種感覺其實可以歸於人類最基本的精神活動：希望。每個人內心都有一種飽含希望的信仰。

信任是一種選擇，是敢於放下自己，相信每一個人來到這世間，都有他自己的發展軌跡。生活自有它的運轉邏輯，做父母的人只需把自己做好。

五、不要過於擔心生活有失控的部分

我們沒有辦法控制生活中的點點滴滴。我們只需要把自己的空間梳理好，剩下的都交給時間吧。有的人很擔心自己的生活會脫離自己的掌控，時常處在焦慮中。這需要不斷地進行自我突破。當第一次出現失控的時候，就像是縱身跳入一個大峽谷，以為自己無路可去，馬上就要粉身碎骨，但當事情過去之後，你會發現自己受到的影響並沒有想像中的那麼大。所以我們要學會接納生活中的偶爾失控，練習適應任何複雜情況的能力。

安全感和信任感的重建並非這麼簡單。你可以嘗試透過一段安全的關係來重建這部分能力。重要的是要敢於面對自己內心深處最害怕的部分。

第六章

關係好了，一切都好了

得到理解和回應，壞情緒就會煙消雲散

堵住的情緒讓人憂鬱和焦慮

不知道在生活中，你有沒有這樣的情況，感覺最近狀態不好，情緒低落，很多話堵在胸口，想找個人傾訴。但跟自己的另一半說，對方好像根本不理解你的難處，彷彿雞同鴨講。你說了一大堆，得不到有效的回應，反而心裡更難受了，而且還會對自己的另一半心生不滿。

其實在生活中，很少有人能真的理解你，更多的時候你想和對方傾訴，但對方也有一堆煩心事，渴望能從你這裡獲得一些安慰。更讓人無法接受的是，一些所

謂的朋友表面上溫暖安慰，但他們的臉上卻藏不住內心的幸災樂禍。你的傾訴反而白白給別人留下笑柄。

就算有願意聽你傾訴的人，願意與你同理的人，出於一種成年人的禮貌，你又會擔心自己整天向人傾訴負能量，他人會不會厭煩你。所以你就會越來越少跟別人傾訴心事，時常是自己把不好的情緒消化掉。

即便是個成年人，你也有被照顧的需要

我是一個很渴望被人照顧的人。很多人可能不信，畢竟我是一個心理學方面的專業人士。但這樣的身分並不妨礙我渴望被別人照顧。要知道，喜歡和渴望被人照顧，並不是一件可恥的事情。

尤其是當我們壓力很大的時候，更想和別人說說自己的苦惱、不容易與委屈。如果真有這樣一位願意傾聽的人，那將會是一件多麼美好的事情。僅僅是傾

聽和陪伴、同理和理解，就可以給人強大的力量。因為它像一個容器，會從你身上吸走快要溢出的負面情緒，讓你的痛苦與不堪得到極大的緩解。這是關係的力量，也是一種包容的力量。

但是在現實生活中，我們往往缺乏這樣高品質的關係。有朋友跟我講，他從不把自己的糟糕情緒展露給別人，因為往往宣洩出去的負面情緒只會反彈到自己的身上，甚至還加強了。我完全能理解這種感覺，因為我的親人中也存在這樣的人。這種人表面上雖然與你和睦相處，實際上卻缺乏心理上與你同理的能力，甚至還會說你小題大作，過於敏感。可能這也是我渴望被別人照顧的原因吧。

我們的傾訴往往不是想尋找解決問題的辦法，而是尋求心靈上的慰藉。很多人建立關係時，太過關注一些外在的東西，而忽視了他人的一些情感需求。有時候，我們需要的只是能從對方那裡得到溫暖與慰藉。若是生活中存在這樣的關係，其實也算是一筆無形的財富。能夠進行深度連結的關係，是在這個世界上抵抗風雨最好的庇護所。想到背後有人支撐，我們心裡就不會慌張，就會有力量。

很多焦慮是沒有意識到心靈的依賴需求

我見過太多人活在過度的焦慮裡，急切地想尋找一個答案，以至於根本沒有精力來好好觀察一下自己身上究竟發生了什麼。其實他們之所以顯得沒有精力，是因為他們太依賴自己的頭腦了。當頭腦陷入混沌之中的時候，整個人就焦慮了。

或許他們需要一份肯定的答案，但是他們的頭腦沒有意識到自己真正想要什麼。其實這種感覺與外在無關，更多的是一種內在的缺失。有的人身邊存在可以依賴的人，但是他們卻視而不見，他們意識不到並非所有事情都需要自己一個人扛，有時候也可以和別人分享。

當事情失控的時候，或許人們才意識到自己有依賴的需求。畢竟不是所有事情都是一個人可以解決的。當你與別人建立連結的時候，你就不用像破釜沉舟的戰士一樣，獨自一個人去對抗整個世界。

對於很多人來說，依賴別人是一件很難的事。因為依賴他人會展現出自己脆弱的一面，可能會讓人為自己表現出來的無能和弱小產生深深的羞恥感，甚至可能很容易受傷害。如此，他們便深埋自己的依賴需求，透過其他的方式轉移自己的注意力，比如一直強迫自己不停地去做某些事情。有的人甚至覺得只有強者才有依賴的資格，而弱小的他們會被別人嫌棄。這實際上是一種對於依賴的誤解。與之相反，過度的依賴又會讓人覺得就像是別人的跟屁蟲，想要二十四小時與別人黏在一起。不過比起不敢依賴的人，能夠認識到自己的依賴需求，也算是一種進步了。

你以爲尋找的是答案，其實尋找的是良好的關係

很多人向我傾訴苦惱時，總是在苦苦地索要答案。他們以為所有苦惱都會有個相應的解決方案，也就是從我這得到答案，只要得到答案，問題就解決了。

但其實不是這樣的，往往得到一個答案後，還會有其他問題跳出來。

事實上，一些受困於感情問題的朋友，想要的明顯不是一個答案，而是一份有品質的關係。在這個關係裡，他們可以獲得理解和支持，可以放心地哭，可以把日常生活中難以啟齒的話說出來，可以把內心的問題毫無保留地展示給別人，可以把壓在心底很多年的祕密吐露出來。

這些話、問題、祕密以及過往羞恥的經歷像是重重障礙，成為與他人、與世界之間的隔閡。而往往這些人活在世上就好似是無形監獄裡孤獨的囚徒。人與人之間的不理解與不信任，更是給這些囚徒判了無期徒刑。

有時候，並不是那些與你親密的人幫助了你，而是傾訴、陪伴、同理和認可幫助了你，讓你放下內心沉重的負擔，去相信這個世界上有人愛你、相信你，願意做你的後盾。

好的依戀關係，能解決你靈魂的不安

眞正的療癒在關係中完成

我年輕的時候寫詩，了解過很多文學經典作品。葡萄牙詩人費爾南多．佩索亞有一本詩集名叫《不安之書》，又名《惶然錄》。光看這個書名就有一種陰鬱又惶惶不可終日的感覺。這種感覺被作者用天才般的筆法描述出來，細膩準確，使這本書成為傳頌經典。

文學界常常存在具有這種氣質的作家，比如卡夫卡、芥川龍之介等等。這些作家的文學作品往往反映出的都是同一種心境：不安而彷徨。英國文學評論家、詩人托馬斯・艾略特指出，現代人是一種空心人狀態，整天被無聊、空虛、焦慮填滿。而作家又是經常存在心靈困擾的一群人。一個天生的作家，是他的心靈在推動他寫作。不是他要寫作，而是寫作選擇了他。

很多年後，我藉由學習知道了一件事情——寫作對於人內心的創傷有一種很強的療癒作用。我恍然大悟，原來很多作家之所以要不停地寫，是因為他在做自我治療。這是一種潛意識的本能。當然並不是所有的作家都這樣，但不可否認，確實存在一些頗具才華的作家，他們的寫作動力來自成長當中所受的創傷。而寫作，就是在一遍遍地療癒這些傷口。

不安是因爲內心缺少可依賴的關係

生活中，有很多總是不安的人，我們把他們這種情緒命名為焦慮。我認識一個女性，她總是沒辦法放鬆自己緊繃的神經。在工作中、生活中，總是覺得有事情要發生，或者有事情沒有安排好，莫名擔心，甚至無法安心休息。

現實當中有很多這樣的人。生活對於他們來說似乎就是一間四處漏風的危樓，危機四伏，需要時刻小心，保持警醒。為此他們把自己弄得精疲力竭。

這種感覺從心理學上進行解讀，至少可以解讀出兩點：第一，這類人沒有守護者，所以他們的內心動盪不安，缺乏安全感；第二，他們缺乏信任感，需要警覺地關注外界的變化，時時刻刻提防危險。心理上的安全和信任需要良好的依戀關係才能建立。很明顯，這些總是焦慮不安的人，毫無疑問都缺少可以依戀的關係。

依戀關係是建立在人與人交往的基礎上的。當我們不是獨自面對生活與工作的時候，就會有一種踏實的感覺。沒有建立起依戀關係的人，最經常發生的事情就是只相信自己的頭腦。他們會藉由不停地思考與判斷來加強自己的安全感並抵擋風險。一旦陷入困境，他們就會憂心忡忡，呈現出焦慮不安的狀態。

不安的人需要良好的關係，但是他們在內心深處並沒有建立依戀的關係，而且他們往往有一個錯誤的認知：「只有我完美了，才有資格建立關係。只有我變得足夠優秀，別人才會喜歡、接納我。如果我不完美、不優秀，就沒有人會喜歡、接納我。」如此，他們就會進一步把自己封閉在自己狹小的世界裡。

對人性的信任，依賴於依戀的完成

我認識一個時常焦慮不安的朋友，他雖然有很多親密的朋友，但是在內心深處，似乎不信任任何人，也不依賴任何人，沒有任何一個人可以進入他的內心。他的內心一片荒蕪。

其實有很多人也是這樣的，他們看上去非常懂事，也非常努力，但這些都無法掩藏他們內心的空虛與不安。

這種問題的根源在於，他們根本就不信任別人。他們不是故意不信任別人，而是他們早就忘記了怎樣去信任一個人。他們像被困在了一個監牢裡，聽不見外界在說什麼，所有人的話都無法進入到他們的內心。人建立信任非常難，尤其是經歷過一些失望和傷害後，內心就會建起高牆。但是本質上人又渴望可以全心全意地去信任一個人。所以一定要拆掉內心的高牆，從自己的世界裡走出來，去接納別人，接納世界。

分清精神世界與現實世界

很多文學作品中都會有關於各種心境的描寫。當我們的心境與著作中的心境相同時，就容易找到情感上的共鳴。

文學確實有心靈治療的作用，但有時過於沉浸在文學世界裡，就會偏離現實世界，從而引發諸多問題。

現實世界和大自然一樣相容並包，而書本中的世界只是對現實世界的一個局部反映；因此當我們拿著紙上所建構的世界去認識現實世界時，就可能會步入岐途。

我們要讓自己走出來，讓別人走進去。

精神醫學大師歐文．亞隆說過：「母親在很大程度上決定了一個人生命的底色和意義。但是這個底色和意義是可以彌補和改善的。」如果總是焦慮不安，你應該嘗試去和別人建立溫暖、可依賴的關係。

保護自己最好的方式，是向世界打開自己

總是用偽裝的一面跟別人打交道

現實中有很多這樣的人，他們很不喜歡和別人打交道，覺得打交道會很痛苦，因為他們在人際交往中總是不能做真實的自己，無法以真實的一面跟別人溝通。他們總是會小心翼翼地偽裝自己。

有的人可能看起來心平氣和、大大咧咧的，其實內心比較細膩，對很多事情都很在意，但是他們從來不會把這種真實的想法和性格顯露出來。時間長了，難免覺得痛苦。

有的人在關係中從來不會表達自己的需求，看起來無欲無求，似乎沒有什麼煩惱，但是他們的內心卻是煩悶不已，覺得自己與所有人都很疏遠。他們感受不到自己在這個社會中的重要性與存在感，甚至懷疑自己活著的意義。

這些人表面看上去很隨和，能夠融入人群，但是只有他們自己清楚內心是多麼孤獨。他們是一群表面上和別人關係緊密，內心卻毫無關係的人。

爲什麼要用僞裝的一面跟人打交道

沒有人喜歡用偽裝的一面跟別人打交道。

嬰兒對於自己的需求和情緒都是直來直去的，絲毫不掩飾自己的想法。但是在成長的過程中，因為環境等因素的影響，就會失去對於外界的一些信任，變得壓抑，開始偽裝自我。

一、偽裝是因為害怕受傷

我認識一個人，他就很難表達自己的需求。在人際交往中，他總是隱藏自己的想法和真實感受，選擇順應別人。他總是讓自己看起來很好、很乖、很善解人意，從不惹麻煩。久而久之，現實與心理的落差讓他感到憂鬱。

小時候他父母工作很忙，沒有精力照顧他，總是讓他寄住在不同的親戚家裡，甚至很小就去學校寄宿。因為寄人籬下，他很早就學會了察言觀色。他不知道自己的價值，唯一能做的就是盡量不讓親戚討厭自己。所以他根本無法理直氣壯地表達自己的真實想法。當他的父母來看望他的時候，不是先詢問他的想法，而是先詢問親戚自己的孩子是否給他們添麻煩了，所以他也感受不到家人的關心。

久而久之，他變成了一個非常懂事且沉默寡言的小孩。長大之後，他也習慣壓抑自己的需求。他很怕別人討厭他，嫌他麻煩。

很多人之所以偽裝自己去跟別人建立關係，就是因為他們曾經受過傷。偽裝是他們適應環境的方式。在變動的、不安的環境中，他們漸漸封閉了自己的內心世界，為的是讓自己獲得安全感，讓自己更好地面對其他人。

二、不信任別人

很多人跟別人打交道時偽裝自己，也可能是因為內心深處對別人不信任。他們覺得每個人都是自私的、利己的、有一定目的的，所以並不真誠。大家都是靠偽裝自己來達到一定的目的。但是如果我們從內心深處就覺得外界不可信任，他人不可信任，我們就不會建立可以信任的關係，也很難打開自己真實的內心。

三、不信任自己

因為小時候沒有被好好對待，所以很多人都沒有正確的自我價值感。他們覺得自己不值得被愛，沒有人會接納真實的自己，沒有人會喜歡真實的自己，只有用偽裝的方式去跟人打交道，別人才會喜歡和接納自己。

「我不夠好」、「我不值得」是對自己錯誤的認識，我們要學會信任自己、喜歡自己、接納自己，慢慢打開自己的內心。

偽裝帶來的結果

一、堅持原本扭曲的觀念

當一個人封閉自己內心的時候，也一同認定了自己的某些錯誤觀念。比如，「世界不可靠，我不值得被愛，沒有人會接納真實的我，沒有人會喜歡真實的我」。這些消極的、錯誤的觀念一直沒有機會在現實中得到糾正，導致他根本不信任自己，那這樣又如何去信任別人呢？如果不信任對方，那又如何建構有品質的關係呢？

二、形成惡性循環

你透過偽裝來跟別人打交道，別人也不會真誠地來對待你，這樣你就很難感受到世界真實的樣子。它帶來的結果就是，你對這個世界真正的運行規則並不了解，只是活在自己對這個世界的偏見裡，誤以為大家都是這樣打交道的，形成惡性循環。這樣雖然不會嚴重影響你的生活與工作，但長此以往，你會忘記真實的自己，會漸漸分不清哪個是偽裝的自己，哪個是真誠的自己。

三、把偽裝繼續傳遞給後代

當有了孩子後，你會潛移默化地把這種對待世界的態度傳遞給自己的孩子，同時也把自己認知世界的圖式[11]傳遞給孩子。

當你的孩子長大後，很有可能因為受到你的影響而無法與他人建立真正高品質且互相信任的關係。這種影響是很深遠的。

11　圖式（schema）：又稱基模，有多種釋義，作者在這裡指父母腦海中已有的知識經驗網路。

保護自己最好的方式，就是向這個世界打開自己的內心

一、修正封閉的、有敵意的想像

封閉自己內心的結果就是封閉了自己對外界的認知，把自己持續地封閉在那些扭曲的、想像的世界裡。這聽起來既痛苦又可怕。人在想像的世界裡越陷越深，就會逐漸喪失對現實的認知。錯誤的觀念因為沒有機會被現實糾正，就會一直留存在腦海裡。而消極、悲觀以及恐懼等情緒，就會一直折磨著自己。

封閉的世界沒有療癒性，但開放的現實世界有。與外界恢復關係後，我們就不會感到那麼累了。我們是在與世界的互動中獲得智慧的，心智是在跟世界和人的互動中逐漸成長發展的。過於封閉自己的內心會阻礙智慧的獲取，阻礙心智的成長，從而對很多事和人出現判斷失誤，這真的不是一種好的保護自己的方式。

人生的一大樂趣，就是在跟現實的互動中不斷地更新自己的認知與看法。這會讓我們蓬勃生長，也會讓我們充滿活力。

二、保護自己的方式不是防禦傷害，而是找到應對它的方式

人之所以會封閉自己的內心，是因為在早前的經歷中，沒有受到友善的對待，更沒有學會保護自己。封閉內心是本能地保護自己，但這不是一種正常的防禦方式。使用這種方式保護自己，意味著成長會停滯。我們要敢於面對自己的問題，敢於承受風雨的洗禮，並在成長中變得更加獨立和勇敢。

想想你曾受到的傷害，試著去正視它，我們要學會保護自己內心脆弱的部分。當我們還是孩子的時候，沒有得到想要的保護，現在我們已經長大成人，可以保護自己。我們要正視恐懼，找到更好應對恐懼的方式。

三、找到安全的關係作為後備

在良好的母嬰關係中，當孩子去探索世界時，身後總有一個媽媽在關注、鼓勵和保護他。這個媽媽如同孩子的安全島，是孩子探索世界的大後方。

有了這個安全島，孩子就可以充滿自信地去探索，安全島為孩子提供了一定

的安全感。如果孩子感到受挫與疲憊了，他可以及時退回到安全島上，讓自己充電，向媽媽哭訴，接受媽媽的撫慰，與媽媽一起商討如何解決遇到的難題。如此，獲得安全感的孩子，便又可以在成長的道路上繼續上路。

所以，你也可以試著去尋找一個屬於你的安全島，這個安全島可以是你的好友、伴侶或親人。

❀千萬別把善待自己當成自私

我有一個朋友，他一直不喜歡他媽媽做的飯，他曾試著向媽媽提出一些建議，但情況並沒有改善，而且媽媽還覺得他太挑食，不是一個好習慣。我的這位朋友對此非常鬱悶。但他又覺得自己偷偷出去吃飯以滿足口腹之欲有些自私。後來，他和他的媽媽發生了幾次爭執，他就索性外出吃飯了。

出去吃過幾次後他發現，這種獨自外出吃飯的「自私」行為讓他的生活變得很輕鬆。從此，他學會了在不傷害別人的情況下，最大限度地滿足自己、照顧自己，也就不再抱怨別人為什麼看不到自己的需求，不肯滿足自己了。

在共生關係中，雙方總打著為對方好或愛對方的旗號製造矛盾和糾紛。但是這樣做不但不會得到愛，而且也沒有人會被滿足。因為雙方都在等著對方來滿足自己，而且會理直氣壯地看不慣對方只顧自己的行為，覺得這樣太「自私」了。

但是自愛需要這種「自私」，而且這是我們每個人都需要做的事情。對很多人來說，他們的自愛能力很弱，他們從小被要求滿足父母，按照父母的意願來，完全沒有條件表達自己的感受，因此他們很少去考慮自己的感受、自己的需求。「自私」是基於個人需求做出的行為和反應。我們不應該把自己困在內疚的牢籠裡，一直用畸形的信條來鞭撻自己。我們的大腦在解讀內心時需要認識到真實的自己，細膩地感受和理解自己，然後每天做一些偏愛自己、讓自己感覺舒服的事，學會取悅自己。

無論怎樣，首先你應該接納現在的自己，每天做一些令自己舒適、愉悅和快樂的事情。每天都給自己一些「私心」的時刻來滋養自己。每一個人都應該享受自己的生活，這樣才能愛上這個世界。

我們常常希望與我們親近的人能夠關愛我們，把我們放在第一位，對我們有一些偏愛，但其實我們更應該偏愛自己。

偏愛自己，是對自己的一種照顧。人能照顧好自己是一種能力。越是照顧不好自己的人，越是需要獲得別人的照顧和愛。但是一般情況下，這種人又不好意思開口，於是就會透過生硬的手段來索取。比如想得到某種東西的時候，如果別人不願意滿足他們，他們就會陷入和別人的爭吵中。吵來吵去的目的其實就是為了滿足自己的一點需求。

其實，有欲望不可怕，可怕的是不敢正視自己的需求。有需求並不是什麼可恥的事情。我們可能有的時候想偷懶，可能有的時候會挑食，可能有的時候偏愛對自己身體不好的垃圾食品……你有喜歡的東西和想做的事，這是很正常的，不必為此而自責，或者覺得自己犯了什麼錯誤。

有需求是人類的本能。有的人小時候表達需求時經常招來父母的斥責和教訓，在這種環境下長大的孩子，就有可能慢慢開始忽視自己的需求，或者不允許自己有需求。

實際上，當孩子表達訴求的時候，父母不應該批評孩子，而應該向他解釋為什麼可以同意他的訴求，或者為什麼不能同意他的訴求。我們需要闡明道理，而不是直接駁回，這樣才能為孩子的心理發展引導出一條正確的路。然而一些父母認為自己那種斥責行為是正確的管教，而且是認真負責的表現。其實不然，他們的行為會影響孩子的一生。

一個人只有看到並接納了自己真實的需求、欲望、缺點，才能接納別人和這個世界。通向世界的路不在於如何改造別人使其符合自己的想法，而在於扔掉各種包袱，誠實地面對自己，面對自己的內心，學會取悅自己。

想和這個世界好好相處，先學會聆聽內心的聲音

寫作是由感受推動的

因為我愛寫文章，總有人向我請教關於寫作的事情，比如寫作的技巧和方法等。在解答這些提問的過程中，我總覺得寫作的技巧和方法在寫作中所發揮的作用沒有想像中的那麼大。相反地，在長期寫作過程中我發現，有一個因素對寫作影響很大，那就是——感受。

我堅持寫文章已經三年了，三年來我發現自己寫文章總是拖延。我常常坐在電腦前對自己寫出的一些乾巴巴的句子發呆，一方面是對自己寫的東西不滿意，

一方面是不知道如何繼續。

我常常會陷入一種糟糕的狀態——沒有靈感。沒有靈感是一種白話的說法，是指這個人沒有進入一種飽滿的情感狀態，沒有一種情感動力推動他去寫作。儘管他已經擬好了提綱，或者他已經有一個非常好的主題，並且擁有充足的時間，但是沒用，只要沒有飽滿的情感，還是很難打開靈感的源泉。你不得不承認，你得先讓你的情感活躍起來，讓身體和大腦感受到情緒的起伏，讓這些感受去講述，你才能真正進入寫作狀態中。

如果感受不到位，你明明有想創作的內容，但是你很難描述出來。這種感覺就像是在黑暗中探索，哪怕你知道即將面對的是什麼東西，但這並不足以令你感受深刻，你只有真正觸碰到它，才算有全面的認識。你要感受到內心所追尋的東西，而不僅僅是局限於理性和計畫。

古人說「文章本天成，妙手偶得之」。我認為好的作品就是在這種狀態下完成的，而且這樣寫出來的文章具有獨特性。在此時此刻，面對此情此景，捕捉到空氣中洋溢的情緒，用筆把它們記錄下來，這樣的作品才會引發別人的共鳴。

所以說感受對寫作至關重要。只有真情實感才能成為我們的寫作源泉。感受與情感比我們想像的重要得多，也厲害得多。

假如你的生命也是一篇文章，你要盡可能傾聽你內心的感受，它可能會把你帶到意想不到的地方，完全突破你的規劃和預設，帶給你無限驚喜和意外。如果你過於理性地規劃和控制它，它可能就會像一篇乾巴巴的文章，失去天然的生命力。

人生，也是由感受推動的

曾經有一段時間，我經常無故流淚，夜不能寐，常常凌晨四點對著月光發呆。別人關切地問我怎麼了，我並不知道如何回答，也講不出所以然來，因為我內心並不知道發生了什麼。我只是會止不住地流淚，同時思維陷入停滯。在這種憂鬱的狀態下，我離自己的心很遠。我做出了很多選擇，但是我不知道那是不是我想要的。我認為一切似乎合理，但是我的身體告訴我，不是那麼回事。

那個時候我還沒有那麼重視自己的感受，因為不重視自己的感受，所以我做出了很多看似安全和功利的決定，結果就導致我喪失了對生活的興趣與動力。

有的心理學家會用「空心人」來形容這樣的狀態，是的，空心，似乎你已經感受不到自己，觸摸不到自己。那種感覺是相當難受的，就像你的靈魂被鎖在了一個說不清、道不明的玻璃瓶裡。

我身邊有很多這樣的人。他們的生活很富足，外表看起來光鮮亮麗，工作上雷厲風行，但只要一停止工作、停止忙碌，他們就會覺得自己的生活很空白，精神世界很空虛，自己也沒有什麼需求，甚至會很不適應休息的日子，覺得沒什麼事情可做，一切都很無聊。他們感受不到生活中那些具體的、實際的小事物所帶來的美好。

傍晚的餘暉、冬日的暖陽、濃郁的咖啡、清晨街頭早餐店賣的熱騰騰的豆漿和牛奶，讓我們感受到幸福的，是這些生活中小而美好的細節，而非抽象的標籤和成功。我們的內心是有活力的，它推動著我們去生活，去感受生活的美好和幸福，然後去奮鬥。

每個人嚮往的生活可能並不適合其他人，也很難被其他人理解，但它是我們內心渴望的生活。那是屬於自己獨一無二的生命軌跡。你不能活給別人看，或者為了別人而活。每個人都要對自己的生活負責。

壓抑忽視自己的感受，是空心病的重要根源

照顧自己的感受，尊重自己的感受，勇敢去追求自己想要的生活，敢於做一個與眾不同的人，才應該是我們追求的目標。

我們總是一刻不停地問自己應該怎麼樣，我和別人比起來如何，我還有多少目標沒有完成。小時候，我們沒有被父母給予足夠的空間去做自己，而是被當成一個機器去完成各種目標。長大後，我們又為自己設定一個個目標，繼承作為一個

機器的使命，然後又把這種教育傳遞給我們的孩子。

我們限制了生命的更多可能性，就像用一個鳥籠來保護小鳥。小鳥被困在鳥籠裡，儘管可能不用面對天敵的威脅和飢餓的考驗，但是牠失去了自由，長此以往，就會變得毫無活力，變成一隻精神死亡的小鳥。

尊重自己的感受、照顧自己的感受要付出勇氣，但是不尊重自己的感受、不照顧自己的感受會使自己漸漸喪失感知世界的能力。人之所以為人，就在於我們一直在追求生活的意義與精神的富足。我們要酣暢淋漓地活出自己。

與眞實的世界互動並感受自己的力量

不與真實的世界互動，你就永遠不會感受到自己的力量。你只有在披荊斬棘中學會如何保護自己，才可能發出自己的聲音，並且感受到自己的力量。

我的一個朋友跟我說，他最近學會了殺價。或許對於其他人來說，殺價只是生活中很小的一件事，但對於他來說卻很難。之前的他買東西，標價多少他就會付多少，對於殺價這件事他很抗拒並有些懼怕，怕表達自己的想法和需求，也怕被別人拒絕。而現在，他可以堅持表達自己的想法和需求。雖然僅僅是殺價這一件小事，他卻從這件小事中感受到從未有過的滿足與不曾察覺到的力量。

原來世界並不像自己想的那樣可怕、充滿敵意，原來我可以改變別人，我也可以積極去爭取自己想要的。這是一種全新的體驗。自從那個朋友開始嘗試表達真實的自己，表達自己的想法與意願後，他發現自己與身邊人的關係慢慢地在發生變化，人們變得開始重視他、照顧他，最重要的是他的人際關係不再那麼僵硬和冷漠。他不再是曾經那個蜷縮的人，而是變成了一個可以自由伸展的人。

由此可見，保護自己最好的方式，是向這個世界打開自己。

高寶書版集團
gobooks.com.tw

NW 272
我不過被動的人生：
沒有主見、害怕衝突、缺乏安全感……看見內心未被療癒的傷口，重新理解自己的需求，找回生活的熱情與動力

作　　者　李國翠
責任編輯　林子鈺
封面設計　黃馨儀
內頁排版　賴姵均
企　　劃　鍾惠鈞

發 行 人　朱凱蕾
出　　版　英屬維京群島商高寶國際有限公司台灣分公司
　　　　　Global Group Holdings, Ltd.
地　　址　台北市內湖區洲子街88號3樓
網　　址　gobooks.com.tw
電　　話　(02) 27992788
電　　郵　readers@gobooks.com.tw（讀者服務部）
傳　　真　出版部(02) 27990909　行銷部 (02) 27993088
郵政劃撥　19394552
戶　　名　英屬維京群島商高寶國際有限公司台灣分公司
發　　行　英屬維京群島商高寶國際有限公司台灣分公司
初　　版　2023年8月

本書由書田文化授權繁體字版之出版發行。

國家圖書館出版品預行編目(CIP)資料

我不過被動的人生：沒有主見、害怕衝突、缺乏安全感......看見內心未被療癒的傷口,重新理解自己的需求,找回生活的熱情與動力/李國翠著. -- 初版. -- 臺北市：英屬維京群島商高寶國際有限公司臺灣分公司, 2023.08
　面；　公分. --

ISBN 978-986-506-792-2(平裝)

1.CST: 自我肯定　2.CST: 自我實現　3.CST: 生活指導

177.2　　112012215